日本の国際関係論

理論の輸入と独創の間

大矢根 聡［編］
Oyane Satoshi

勁草書房

はじめに

　日本は戦後，厳しい国際環境のもとにあった。冷戦中，西側陣営と東側陣営が鋭く対峙する中で，日本はその対立の最前線にあった。そのような状況のもとで日本は経済成長を進めたが，資源や輸出市場を海外に頼ったため，遠く離れた中東の動向にゆさぶられ，また欧米諸国との経済摩擦にくり返し直面した。冷戦終結後も，地域紛争や国際経済危機が相次ぎ，すでに大国となっていた日本は，否応なく対応を求められた。日本は戦後の国際的変動に翻弄され，難しい選択を迫られてきたのである。

　そのためか，日本では，国際関係に対する関心が比較的高い。それに呼応するように，国際関係論・国際政治学を専門とする学者・研究者も多い。代表的な学会である日本国際政治学会の会員は，2000 人を超えているほどである。ただし，こうした状況のもとで，日本における国際関係研究が独自の成果や知見に結実しているかといえば，そうだと即断するのは難しい。むしろ批判的な声も少なくない。顕著なのは，とくに理論面で海外の研究に依存し，独創性に欠けている，という批判であろう。理論は，国際的現象をとらえる際に基本的な視点を与え，分析の道具を提供する。したがって，その影響は広く及ぶ。それが輸入依存的であり，独創性を阻害しているという批判は，やはり重い。

　本書では，その理論輸入のあり方にあえて着目し，日本の国際関係論の姿を検討し直す。その上で，問題の所在だけでなく独創的な要素を再確認してみたい。その際に，日本の国際関係論の礎が築かれた 1950〜80 年代を対象とし，主要な理論に照準を合わせる。本書が採り上げるのは，戦前から広く知られていた I・カントの平和論，戦後に圧倒的影響を及ぼした E・H・カーと H・J・モーゲンソーの古典的リアリズム（現実主義），これを批判した行動科学における T・シェリングの理論である。また，リアリズムに対峙するリベラリズム（自由主義）理論として，R・O・コヘインなどの相互依存論とトランスナショナル・リレーションズ論（脱国家的関係論）を採り上げる。さらに，国際レジ

ーム論・国際制度論とK・N・ウォルツの提起したネオリアリズム（新現実主義）も視野に入れる。

　輸入依存は独創性の欠如の表れである，と本書は考えない。輸入と独創性は矛盾しないからである。そもそも日本の多くの分野の研究，さらには丸山眞男の指摘によれば日本文化そのものが，海外からの輸入に大きく依拠してきた。ただし，その輸入の仕方自体の中に，独自の取捨選択の基準やアレンジの傾向が存在する。この一見曖昧な部分にこそ日本の特性が反映している，というのが丸山の仮説であった。

　本書はこの考え方に示唆を受け，日本の研究者がどのような関心を背景にして，海外の理論をどのように取捨選択したのか。どのような発想を羽ばたかせて修正を加えたのか。あるいは，どのような当惑や拒絶を示したのかを洗い直す。取捨選択や当惑などの背景には，日本で蓄積していた伝統的な研究スタイルや知のあり方，また現実の外交課題などが作用していたのかもしれない。何がどのように作用したのだろうか。

　本書に限らず，戦前・戦後初期の政治学や国際関係論に目を向けた研究が，ここ約10年間に国内外で増えている。それは，今日の国際関係や各国の政治が大きく変化し，他方では，その変化をとらえる際に頼りになる確かな知見が見当たらないためだろうか。過去の変動期における知的足跡を再評価し，いまに活かせる素材を再確認しているのであろう。本書も，一見過去に眼差しを向けてはいるが，今日的な意義を意識している。

　その際，本書はとくに日本にこだわり，国際関係論に国境の壁を築こうとしているわけではない。国際的現象を対象とする限り，どの国で研究を進めても一定の共通性を持つ解答に到達しても，何ら不思議ではない。そうだとしても，やはりそれぞれの国において直面する外交課題に違いがあり，また特有の歴史観や研究手法などが成立している。それらが研究に独自の特性を与える場合があろう。本書は（理論の）輸入に着目しているため，必然的に前者の国際的共通性とともに，後者の日本の独創性を見つめることになる。

　とはいえ，同業の先達の足跡を研究の対象にし，それを今日の観点から洗い直すのは，ある意味で大胆な試みであろう。本書の執筆者も緊張して臨んだ。

はじめに

　また，先達の真意や当時の文脈に迫るため，先達の著書や論文だけでなく，一般雑誌の記事や自伝，また大学の講義ノートや手紙なども参考にした。さらに，先達自身やその教えを受けた研究者に対して，聞き取り調査を実施した。

　こうして進めた研究は，発見に満ちた旅でもあった。本書が分析対象とした諸研究は，それぞれの仕方で国際関係論上の長年の根本的問題に答えようとした記録でもあった。数十年前の日本の研究者が，その同時代に気づかれた以上に，こうした難問に独自の解答を提示していた事実に気づかされた。また，日本の研究者が海外の理論を直輸入したわけでなく，当初から批判や違和感を隠さず，輸入を選択的に進めた事実も明確になった。彼ら・彼女らは，むしろ自らのスタンスや観点を定位するためにこそ，輸入理論を手がかりにしていたのである。

　本書は，科学研究費助成事業の研究プロジェクト「国際関係理論の日本的特徴に関する再検討―『輸入』と『独創』の観点から―」（2012～2014年度）の成果の一部である。執筆者の森靖夫，西村邦行，石田淳，山田高敬，宮脇昇（執筆順）と，編者の大矢根聡は，研究プロジェクトのメンバーである。また第7章を担当した岡垣知子も，研究プロジェクトにおいて報告してくださった。

　研究プロジェクトでは，多くの研究者が惜しみなく協力してくださり，貴重な資料や情報を提供してくださった。心よりお礼申し上げたい。また本書は，勁草書房編集部の上原正信氏の卓越した誘導がなければ，完成を見なかったかもしれない。深くお礼申し上げたい。

　2016年5月

編者

目　次

はじめに i

序章　日本の国際関係論 ——————————— 1
　　　——理論の輸入と独創の間
　　　　　　　　　　　　　　　　　　　　　　大矢根 聡
　1. 1950年の大学にて　1
　2. 国際関係論をめぐる輸入と独創　3
　3. 本書の方法　7
　4. 理論の系譜と各章の焦点　8

第1章　永久平和論の体系的導入の試み ——————— 17
　　　——国際政治学者 神川彦松の企図と挫折
　　　　　　　　　　　　　　　　　　　　　　森 靖夫
　はじめに　17
　1. 神川彦松とカントの永久平和論　18
　2. 理想と現実のはざまで　23
　3. 生き続ける永久平和論　27
　4. 継承されなかった神川の永久平和論　30
　おわりに　33

第2章　日本のE・H・カー ————————————— 41
　　　——現実主義からの隔たり
　　　　　　　　　　　　　　　　　　　　　　西村 邦行
　はじめに　41
　1. 近代との対決　43
　2. 理想主義と現実主義の狭間で　47
　おわりに　55

第3章　日本における「モーゲンソーとの対話」——— 63
——もう一つの高坂・坂本論争

大矢根 聡

はじめに　63

1. モーゲンソーの国際政治理論　64
2. モーゲンソー理論の輸入経路　66
3. モーゲンソーとの距離感　68
4. 高坂・坂本論争における「モーゲンソーとの対話」　72

おわりに　83

第4章　トマス・シェリングを読む坂本義和 ——— 93
——合理的選択論の選択的導入

石田 淳

はじめに——行動科学論争の時代の緊張緩和論争　93

1. 意図のコミュニケーション——シェリングのコミットメント論　94
2. 軍備管理論と軍備縮小論の架橋——坂本義和のコミットメント論　103

おわりに——抑止と安心供与　108

第5章　国際レジーム論における「平和的変更」の水脈 ——— 115
——インフォーマルな制度の摸索から国際規範へ

山田 高敬・大矢根 聡

はじめに　115

1. 国際レジーム　116
2. 国際レジーム論と国際制度論　117
3. 日本における輸入　121
4. 国際レジームの形成論と国際規範論の射程
　　——『国際政治』掲載論文の分析　125

おわりに　132

第6章　プラットフォームとしてのトランスナショナル概念 ——— 139
——人と運動の超国家的・脱国家的研究の場

宮脇 昇

はじめに　139

目　次

1. アメリカにおける研究とその転換
　　――相互依存論への編入とその後の衰退　140
2. 日本における選択的輸入――超国家と脱国家の抱き合わせ　142
3. 超国家・脱国家の非国家主体　144
4. 「人」への焦点化――プラットフォームとしてのトランスナショナル概念　146
おわりに――日本における受容　149

第7章　ケネス・ウォルツの日本的受容 ―――― 155
　　――見過ごされた「革命」

岡垣　知子

はじめに　155
1. ウォルツの貢献　157
2. 日本におけるウォルツ理論の受容　163
3. ウォルツの遺産　167
おわりに　169

終　章　輸入国際関係論の限界 ―――― 175

石田　淳

はじめに――問題の所在　175
1. アメリカの国際政治学――経済学者の参入と法学者の不在　176
2. 分析の手法と課題との乖離――関係改善の安全保障論　178
おわりに　180

事項索引　183
人名索引　186
執筆者紹介　189

序章
日本の国際関係論
——理論の輸入と独創の間

大矢根 聡

1. 1950年の大学にて

　いまから六十数年をさかのぼる1950年、終戦から5年後を迎えていた。各地の大学は、その1、2年前に新制大学へと装いを変え、すでに講義を再開していた。一部の大学では国際関係論・国際政治学の講義を設けており、多くの大学生達が国際情勢と、それを左右する諸要因の解説に耳を傾けていたはずである。というのも、この1950年には冷戦の対立構造が国際的に広がり、6月には日本に隣接する大韓民国と朝鮮民主主義人民共和国が戦火を交えるにいたっていたのである。朝鮮戦争である。大学生達は、緊迫する世界の動きに目を向け、それをどう受け止めればよいのか当惑し、理解の手がかりを講義に求めていたであろう。

　そのような大学の一例として、当時の東京大学・駒場キャンパスを覗いてみよう。「国際政治学」は2年生の秋学期に配置されていたが、まだ専任の担当者はおらず、外務省の鶴岡千仭（せんじん）が非常勤講師を務めていた。鶴岡は、1931年に外務省に入省した官僚であり、1959年には国連局長に就任することになる。講義の内容は、国際連合の役割を中心にしながら、当時のアメリカの代表的な国際政治学者、H・J・モーゲンソーの著書『国際政治（*Politics among Na-*

tions)』の内容も扱っていたという。モーゲンソーの著書は1948年に刊行されたばかりであったが，国際政治の体系を提示した書としてアメリカの学界に一石を投じていた。そのためか，外務省でも同書を内部資料として仮訳していたのである。

とはいえ，その翻訳を学生達が目にできるはずはなかった。しかも当時は，国際政治を正面から扱った概説書がほとんどなかった。日本初の国際政治の体系書，神川彦松の『国際政治学概論』が刊行されたのも，同じ1950年であった。もっとも，それは神川の戦前からの研究を集大成した書であった[1]。当時の大学生が，国際関係論・国際政治学の体系書を読もうとし，とくに最先端の理論に接しようとするなら，海外の原書を図書館で借りるしかなかったのである。先に触れたモーゲンソーの著書も，関心のある学生達が競い合うように借り出したようである。

1950年の駒場キャンパスには，後に日本国際政治学会の理事長（1986～88年）を務める宇野重昭が学生として在籍していた。彼もキャンパス内の図書館に赴き，モーゲンソーの著書を借りようとしたが，あいにく貸し出し中であった。図書館の借り出しカードで確認すると，その時に読んでいたのは，一学年下の明石康だったという[2]。明石は後に日本人初の国連職員となり，さらに事務局次長を務めることになる。

駒場キャンパスにおいて，国際関係論・国際政治学の講義を専任の専門家が担当したのは，1957年であった。担当者の川田侃(ただし)は，1955年から2年間，「国際関係論の研究・教育の方法をいわば"輸入"して来るという目的で」ハーバード大学に留学していた[3]。川田はその成果をまとめ，翌1958年に『国際関係概論』を刊行している[4]。そこには当時のアメリカの国際関係の理論や概念が刻印されているが，同時に川田自身の解釈や判断も明確にうかがえる。

川田が講義を開始したのと同じ年，京都大学でも国際政治学の講義が始まった。その2年後（1959年）のアンケート調査によると，すでに21の大学が国際政治学もしくは国際政治論，7大学が国際関係論という名称の科目を開講していた。1950年代を通じて，国際関係論・国際政治学の学習や研究の場が劇的に拡張した状況を示していよう[5]。1956年には，日本国際政治学会も創設された。

2. 国際関係論をめぐる輸入と独創

　本書は，日本の国際関係論・国際政治学の特質を，理論の「輸入」の観点から探ろうとする試みである。海外のどのような理論を，どのような内発的関心や観点に基づいて導入したのか。それを今日の目で問い直し，日本における研究の特徴や独自性を浮き彫りにする。

　なぜ，理論の輸入に着目するのか。それは第一に，輸入の規模の大きさと，影響の広がりのためである。また第二には，輸入に際して，日本の研究者がそれに安直に帰依するというよりも，むしろ輸入理論と「対話」を重ね，自らの立場を見つめ直す機会としたからである。なぜ，その理論を輸入するのか。どのように修正して援用するのか。海外の理論の存在感と魅力（もしくは魔力）が圧倒的であったからこそ，研究者達はむしろそれと正面から対峙し，自分の立ち位置をたえず確認する必要に迫られたであろう。その結果，理論の輸入と日本における独創とがどのように交差し，日本の国際関係論に結実していったのか。その過程をたどり，日本の国際関係研究がどのような特徴を備えていったのかを，本書では検討してゆく。

（1）輸入の大きさと広がり

　海外の研究成果の輸入は，国際関係論に限らず，従来から日本の政治学に認められる。終戦後，あらためて政治学の研究に着手しようとした際にも，そもそも日本に「復活」すべき伝統的知見が存在したのかどうか，内省を呼びかける声をあげる者がいた。丸山眞男は，その一人である。

　1947 年に丸山眞男は，「ヨーロッパの学会のときどきの主題や方法を絶えず追いかけているのが，わが学会一般の通用する傾向」であると指摘し，その中でも「宿命的な弱さを集中的に表現しているのが政治学である」と断じた[6]。もちろん，研究者の誰もがこれに同意したわけではなかった。蠟山政道は，輸入依存の指摘はある程度は妥当しているとしながらも，日本の政治学にも意義ある伝統が存在すると主張した。その伝統とは，従来から導入してきたドイツ

起源の国家論とマルクス主義，そして民族的な日本的政治学の摸索であった。蠟山は，この三者の対立と混在を肯定的に評価したのである[7]。

　丸山は1950年，当時の国際関係論について，彼が輸入に依存していると指摘した政治学の中でも，「一番閑却」されていると指摘した[8]。国際関係論は元来，二つの世界大戦と前後して誕生したばかりであり，歴史の浅い研究領域であった。しかも第二次世界大戦前の日本において，豊かな蓄積があったわけではなく，とりわけ理論研究は稀薄であった。細谷千博は，戦前の日本では「国際政治の動態の現実についての理論的把握の面ではまだ一般に立ち遅れて」いたと述懐している。そうであるからこそ，戦後に「知的空白の急速な解消をもとめる日本の学界に強烈な勢いで流入して」きたのが，ほかならぬ海外の理論であった[9]。先に言及した川田侃も，1950年代の国際関係論の研究状況に関して，「顕著な事実」として「欧米における学問的成果の積極的導入」を指摘している[10]。

　こうした輸入は，その後も続いた。細谷によれば，1950年代半ば以降も，海外理論の「導入とその消化」は日本における研究の「一つの特徴」であり続けた。輸入理論の「一種の流行現象」さえ見られたという[11]。

　理論の輸入は，こうした規模と持続に加えて，その影響の広がりも顕著であった。細谷は外交史家であったが，先にふれたモーゲンソーの『国際政治』を刊行の直後にGHQ（連合国軍最高司令官総司令部）の図書館で読んでいた。それは彼にとって「一番印象に残り，その後も大変影響」を受けた書となり，彼が『シベリア出兵の史的研究』（1955年）を著した際も，モーゲンソーやE・H・カーの理論を念頭に置いていたという[12]。モーゲンソーやカーの影響は，地域研究にも及んでいた。宇野重昭によると，中国研究者の多くもカーの著書に刺激を受けていた[13]。海外理論の影響は，理論研究の枠を超えて，歴史・外交史研究や地域研究をも含んで広範に及んだのである。本書を『日本の国際関係理論』ではなく，『日本の国際関係論』と題する所以である。

(2) 輸入と独創の間

　もちろん，理論の輸入状況や原産地を問題にすることに意味があるのか，議論の余地がある。国際関係理論は元来，国際的現象について一般的なパターン

や傾向を把握するものであるから，各国の研究者が独自に取り組んだとしても，一定の共通性を帯びて不思議ではない。興味深い理論や優れた知見が海外にあれば，それを導入し，逆に新鮮な発見が国内に生まれれば，それを対外的に発信する――それだけのことかもしれない。しかも今日では，国際的現象もその研究も大きくグローバル化している。日本人研究者が海外の学会で報告する姿は，もはやめずらしいものではない。そのような意味では，研究の国籍や輸出入状況に敏感になる必要性はなさそうである。

　他方で，国際関係論の研究，とりわけ理論研究では，アメリカの存在がやはり圧倒的である。アメリカ理論の影響は，各国の研究に色濃く刻印されているが，日本における影響はとくに強いように思われる。アメリカの理論は普遍性を志向しながらも，やはりアメリカ（政府）の戦略的関心や国内の政治文化，教育制度などの知的環境を背景にして，独自性を放っている。その特殊性と問題性を指摘する向きは，S・ホフマンを典型にK・J・ホルスティやH・ブルなど，少なくない[14]。

　その意味において，日本の研究が「外国の理論の直輸入に急」（関寛治）であるのを問題にし，懸念の声があがるのは当然であろう[15]。ただし，日本の研究者が無批判に海外理論に依存し，墨守しているわけではない。先にふれたように，国際関係論の輸入を目的に留学した川田侃も，「無条件の『輸入』者・受容者ではなかった」（大畠英樹）[16]。川田は，国際関係論の概説書においてモーゲンソーの理論や概念を多く紹介しているが，むしろ厳しい批判を付言している場合が多い。

　当然の反応だろう。海外の理論が巨大な存在感と魅力を備えていれば，仮に当初はその眩さに当惑したとしても，それにいかに接するべきか改めて摸索せざるをえなくなろう。海外の理論に参照例を見出しながらも，自らの内発的な問題関心や日本外交をめぐる現実などとの齟齬に直面しよう。実際，本書の各章が示すように，日本の先達は海外の理論と「対話」を重ねる中で，自らの立脚点や研究上のアイデンティティを再確認し，海外の理論と自らの研究との距離感を測定していた。また，国際関係上の根本的問題をめぐって，海外の理論的知見に触発されながら自分なりの解答を探っていたのである。

(3) 執拗低音

　すなわち，輸入と独創とは必ずしも矛盾しない。それを日本について指摘したのも，丸山眞男であった。丸山は日本の思想の特徴として，輸入依存的であるものの，その輸入の仕方自体に一貫した独自の特徴が潜んでいると論じた。彼はそれをバロック音楽の「執拗低音（バッソ・オスティナート）」になぞらえ，一定の低音の旋律がたえず登場して他の声部と一緒に響き，「音楽全体の進行がちがって来る」様子に例えたのである。つまり，理論の中核が外来のものであっても，その導入の際に一定の変容を遂げるのであり，その修正にパターンがあり，それが執拗に繰り返される。そこに独自性が備わるのである[17]。

　したがって，本書では，海外理論の輸入の「程度」はもとより，どのように輸入対象を選択したのか，輸入の際にどのような修正を加え，また輸入後にどのように運用し展開したのか——輸入の「態様」を検証する。たとえ海外の理論を日本の研究者が誤読し，誤用したのだとしても，そこに潜む必然性とその背景を検討したい。

　すでに明らかなように，理論の輸入には問題があり，独創がより優れている，などと本書は主張していない。日本独自の国際関係論の構築を提唱してもいない。本書の副題に記しているように，輸入と独創の「間」に目を向けたのである。日本の研究者が輸入理論とどのように対話し，その刺激を受け止め，修正を加えて用いたのか。どのように輸入理論との距離を見定め，自らの内発的な問題関心に基づいて研究課題に向かったのか。

　本書の試みは，過去の研究を対象としているが，今日的な意義を持つと思われる。かつて国際関係の理論研究を牽引してきたアメリカにおいて，近年，新鮮な理論の提起があまり見られなくなり，研究に停滞が生じているようである。また他方で，非アメリカ的もしくは「非西欧的（non-western）」な国際関係論を模索する試みが進んでいる[18]。それと並行して，欧米の国際関係論や政治学を歴史的経緯にさかのぼって洗い直し，通説的な理解に修正を迫る研究も現れている[19]。このように，従来の研究を相対化し，醒めた目で再検証する可能性と必要性は，日本の国際関係論についても現れていよう[20]。新鮮な理論的分析の手がかりが，何もない真空状態において突如として登場するわけではないだ

ろう。過去の取り組みや成果の中にも，今日的な示唆や研究上の素材が眠っているのではないだろうか。

3. 本書の方法

　本書では，日本の国際関係論において重要な局面を画し，現在にいたるまで大きな影響を及ぼしたと考えられる理論として，I・カントの平和構想，E・H・カーとH・J・モーゲンソーの古典的リアリズム（現実主義）理論，K・N・ウォルツのネオリアリズム（新現実主義）をとりあげる。また，特定の研究者の理論ではなく，複数の理論家が提起し，発展させた理論として，国際レジーム論（国際制度論）とトランスナショナル・リレーションズ論（脱国家的関係論）を検討する。

　これらの検討において，各章の担当者は共同研究プロジェクトを通じて，おおよそ以下のような方法をとった。まず，国際関係理論の輸入の状況を確認するために，全体的な研究の動向を学術的な著書・論文集や学会報告の記録などに基づいて把握した。その際，論壇と称される総合雑誌の掲載論文も視野に入れた。とくに1960年代までは，広範な読者を想定した総合雑誌にも，海外の理論を引用し，それに依拠した議論が散見されるからである。

　その上で，こうした著作物において，どのような理論がどのような態様で用いられているのかを確認した。その際に，海外理論の利用状況とともに，そこに見られる意識的な修正や意図せざる改変に着目し，その背景や事情を当時の研究状況や知的環境，現実の日本外交上の課題などに照らして検討した。もちろん，何十年も以前の状況を正確に理解するのは難しい。当時の暗黙の考え方や知的文脈などは，著作物だけでは十分に確認できない。そのため研究プロジェクトでは，同時代の研究者や，理論の輸入を実践した研究者の教え子の方々を研究会に招き，聞き取り調査を実施した。また今日，輸入理論そのものの再検討が進んでいるため，その研究動向に詳しい方々，自ら理論の再検討を試みた研究者にも，報告をお願いした。こうした研究会は，2012年9月から2014年10月にかけて以下のように実施した[21]。

山本吉宣「日本の国際政治学——理論を中心に」
山中仁美「E・H・カーと 19 世紀自由主義の問題」
宮下　豊「モーゲンソーの国際政治思想について」
中西　寛「高坂正堯の国際政治学——日本と世界の文脈」
遠藤誠治「国際政治学におけるリベラルとは何か——日米の文脈から」
吉川　元「馬場伸也教授のアイデンティティ国際政治論を語る」
古城佳子「国際レジーム論はどこへ——国際制度論への移行？」
岡垣知子「ケネス・ウォルツの国際政治理論と日本における受容」
中村研一「日本の平和研究者——1965〜1983 年」

　また，各章の執筆者が，輸入した理論そのものを構想した海外の研究者や，その理論を日本に導入した研究者に対して，独自に聞き取り調査を実施した場合もある。さらに，先達の講義ノートや手紙なども入手し，検討に役立てた。
　こうして，本書の執筆者の多くは，2014 年 12 月に東京大学において「国際関係理論の日本的特徴の再発見——理論の『輸入』と『独創』をめぐって」と題するシンポジウムを開催した。本書の大半はその際の報告をベースにして，討論によるフィードバックを活かして執筆したものである。

4. 理論の系譜と各章の焦点

　各章へと歩を進める前に，本書で扱った理論の系譜を簡単に確認しておこう。本書で扱う理論は，日本はもとより，世界的な国際関係研究の転換を導くほど，大きな足跡を残した理論群である。

(1) カントの平和論，カーとモーゲンソーのリアリズム

　まず I・カントの平和論は，戦前から各国で知られていた。カントが「永遠平和のために」という小冊子を執筆したのは 1795 年であり，本格的な国際関係論に大きく先行していた。カントの研究は，日本でも哲学・人文科学分野で進み，その平和論も広く知られていた。国際関係に関連しては，すでに 1920

年代に南原繁が，カントこそが国際政治の研究を開拓したと捉え，その平和論を論じていたのである[22]。しかし，国際関係論の研究者が本格的にカントの議論を検討した例は案外多くなく，他方で多くの外交の実務家や政治学者が関心を寄せていた。彼らによるカントの議論は，今日イメージされているよりもはるかに多様であった。本書の第1章「永久平和論の体系的導入の試み」では，そのようなカント論の多様性を示した上で，最初期の国際関係研究者の一人，神川彦松に照準を合わせる。神川の研究は今日では忘れられがちであるが，平和論にとどまらず，カントの論理そのものを国際関係に応用しようと試みた点で，興味深い存在であろう。

戦後，国際関係論を体系化し，学問として確立したのは，何と言っても（古典的）リアリズムであった。多くのリアリストの中で，E・H・カーとモーゲンソーの存在感は傑出していた。日本においても，戦後最初に輸入されたのは，彼らの理論にほかならない。実際，多くの研究者がその理論や，それを構成する概念の紹介と検討に取り組み，多大な影響を受けた。またそれは，理論的研究や歴史・地域研究にとどまらず，具体的な政策論議にも影を投げかけた。1960年前後，日米安全保障条約の改定が日本国内で大きな政治問題になった。それをめぐって総合雑誌で交わされた議論にも，リアリズムの概念や考え方が反映したのである[23]。

本書の第2章「日本のE・H・カー」ではカーを，第3章「日本における『モーゲンソーとの対話』」ではモーゲンソーの理論をとりあげる。それぞれについて日本における議論を再検討した上で，その影響について，従来指摘されてきたのとは異なる側面を浮き彫りにする。その際，カーについては，そのリアリストに集約しきれない豊かな知見が，当時の日本人研究者に国際関係のどのような側面や特性を気づかせたのか，考察する。またモーゲンソーに関しては，いわゆる高坂正堯・坂本義和論争が通説的な日本流の現実主義・理想主義論争ではなく，「モーゲンソーとの対話」として独自の次元を秘めていた様子を示す。

(2) 行動科学とシェリング

　モーゲンソーは，理論的な研究を推進したが，政治の特性から離れかねない

科学性の追求には否定的であった。この考えに批判の目を向け，カーやモーゲンソーなどに伝統主義のレッテルを貼って台頭したのが，行動科学であった。この1950年代から60年代を席巻した研究の潮流は，当時は行動主義「革命」とまで形容された。

　行動科学は，科学的な厳格性を志向して計量的・統計的な方法をとり，一般性の高い法則を国際関係に見出そうとした。そのために，ゲーム理論や一般システム論，オペレーションズ・リサーチなどの分析方法も導入した。行動科学的な分析は，一方では戦略論，他方では平和研究で顕著な展開を示したが，方法論に意を尽くしながらも政治の実態把握にかける面があり，また実際には保守的な価値観に依拠しているとして批判をこうむった[24]。1969年にD・イーストンが行動科学の終結を宣言すると，程なくして日本でも退潮の時を迎えた。

　行動科学の研究領域は幅広いが，日本ではとくに平和研究に応用され，また外交史の分野でも興味深い研究を生み出した[25]。今日振り返って，行動科学の知見の中でも後世にとくに影響を与えたと言えるのは，やはりT・シェリングの理論であろう。それは戦略研究だけでなく，広く安全保障研究に示唆を与え，また外交に関する二層ゲーム・モデルを喚起したのである[26]。そのシェリングの研究は，意外にも同時代の日本にあまり影響を及ぼしていない。関心を示した研究者は存在し，永井陽之助や高坂正堯などの名をあげることができるが，議論の重要性に比して極端に少ないようである。本書の第4章「トマス・シェリングを読む坂本義和」では，坂本義和がシェリングの問いに独自の解答を提示しようとした試みに照準を合わせる。坂本の議論は第3章でも言及するが，それはシェリングの問いかけに対する解答の点で，より踏み込んだ含意を持っていたのである。

　行動科学の影響をともないながら，この後，対外政策決定論，国際システム論，国際統合論などが台頭した。またアメリカではなく，ラテンアメリカに発した理論として従属論などが登場し，日本においても応用研究を刺激した。これらの中でも対外政策決定論は，日本外交史研究に新たな視点を与え，豊かな成果に結実した。

(3) 国際レジーム論とトランスナショナル・リレーションズ論

　その後の理論の中で主流の座に躍り出て，その座を降りた後も一定の痕跡を後の研究に残しているのは，1970年代半ばから80年代に研究が活発化した，国際レジーム論（国際制度論）とトランスナショナル・リレーションズ論，そしてネオリアリズムであろうか。前二者は，R・O・コヘインとJ・S・ナイの相互依存論と並行して誕生し，展開していった[27]。

　相互依存論は，国家間の交流が増大し，深化する推移に着目した。それにともなって，国際関係の主体，主体間の関係，争点のあり方などに変化が生じ，ひいては国際関係のダイナミズム自体が変容していると論じたのである。こうした観点から，相互依存論は古典的リアリズムの限界を照らし出し，新たな理論的パラダイムの構築をも企図した。ただし，その企図は多様な概念や議論へと拡散し，体系的で明確な理論に結晶化しなかった。そのような中で，国際レジーム論とトランスナショナル・リレーションズ論は，独自の進展を示し，またその中核にある着眼点や構想は，後に形を変えて再登場している。コンストラクティヴィズム（構成主義）や国際規範論，グローバル市民社会論などである[28]。

　日本においても相互依存論は関心を集め，国際レジーム論とトランスナショナル・リレーションズ論は，多くの応用研究に結実した。ただし，その応用法の推移は，アメリカにおける研究とは異なるものであった。本書の**第5章**「国際レジーム論における『平和的変更』の水脈」では，そのような日本における国際レジーム論研究の展開を，**第6章**「プラットフォームとしてのトランスナショナル概念」においてはトランスナショナル・リレーションズ論の動向を考察する。すなわち，第5章では国際レジーム論が元来，異なる二つの理論的潮流の合流点であったことを再確認し，日米の研究が異なる潮流に沿って推移したことを指摘する。日本の理論的潮流はアメリカにおけるネオリアリズムとネオリベラリズムの論争と関係を持たず，いったん衰退してしまう。しかし，そこに育まれた関心や観点が地下水脈のように残り，コンストラクティヴィズムや国際規範論の刺激を受けると，再び顕在化したと考えられるのである。

　また第6章では，トランスナショナル・リレーションズ論がアメリカの研究

を契機としながらも，日本で独自の発展を遂げた様相を確認する。アメリカにおける研究は，コヘインが自ら語ったように，当初は国際関係における国家中心モデルの不適切性を突きながらも，その後，国家中心モデルへと回帰した[29]。日本では，こうした輸入元の断絶にもかかわらず，従来からの移民研究や文化交流研究などを国際関係論に取り込み，また開発や地球環境といった，新たな問題群をめぐるNGO（非国家組織）の役割をクローズアップして，研究領域を拓いていったのである。

(4) ウォルツのネオリアリズム，その後

ネオリアリズムは，K・N・ウォルツの理論から生まれた。ウォルツは相互依存論を鋭く批判したが，後にリアリズムに依拠して国際関係の徹底した理論的体系化を試みた[30]。

ウォルツによる理論は，その国際構造に着目した簡潔で明確な構成において，画期的な成果として注目を浴びた。同時に，多くの反論も引き起こした。それが，ネオリアリズムとネオリベラリズムとの論争の基軸になったのである[31]。この論争は1980年代半ばから90年代始め，アメリカの国際関係研究を席巻するほど高い関心を集めた。しかし，第5章でも言及するように，この通称ネオ・ネオ論争は，日本では同様の論争を巻き起こすことはなかった。むしろウォルツによるリアリズムの更新は，当初は日本で誤解され，過少評価を受けたのである。本書の**第7章**「ケネス・ウォルツの日本的受容」では，そのようなウォルツの理論とその位置づけを再検討するとともに，アメリカと日本における乖離の背景を考察している。

その後も，国際関係理論は提起され，また日本において輸入され，多くの研究を触発している。そもそも研究を先導するアメリカの理論は，どのような背景のもとで，どのような特質を持っているのか。その刺激を受けながら，日本を含む各国で国際関係を研究するのは，どのような意味を持つ営為なのか。最後の終章「輸入国際関係論の限界」において，この根源的な問題を再考する。

注
1　神川彦松『国際政治学概論』勁草書房，1950年。なお，戦前の国際関係・国際政治研究については，川田侃「日本における国際政治学の発達」川田侃『国際関係研究（川田侃・国際学Ⅰ）』東京書籍，1996年，336-43頁。終戦後1950年代半ばまでに，次のような国際関係論・国際政治学の概説書が刊行されていった。前芝確三『国際政治論』法律文化社，1952年，内山正熊『国際政治学序説』三和書房，1952年，信夫淳平『国際政治論』早稲田大学出版部，1953年，田中直吉『国際政治論』三和書房，1954年，同『国際政治学概論』弘文堂，1956年，岡倉古志郎『世界政治論』日本評論新社，1956年，井口一郎『国際関係動態論』恒星社厚生閣，1956年，など。
2　宇野重昭「宇野ゼミ50周年記念冊子の準備にあたって」（http://cache.yahoofs.jp/search/cache?c=Ju9ZQ2oJkVEJ&p=%E7%A5%9E%E5%B7...）（2014年10月23日閲覧）。
3　川田侃「私と国際関係論」川田，前掲（『国際関係研究（川田侃・国際学Ⅰ）』），332頁。
4　川田侃『国際関係概論』東京大学出版会，1958年（川田，前掲『国際関係研究（川田侃・国際学Ⅰ）』に再録）。
5　川田，前掲（「日本における国際政治学の発達」），343-44頁。
6　丸山眞男「科学としての政治学――その回顧と展望」『人文』2号，1947年（丸山眞男『現代政治の思想と行動』（増補版）未来社，1964年に再録）。
7　蠟山政道『日本における近代政治学の発達』実業之日本社，1949年。
8　蠟山政道・中村哲・堀豊彦・辻清明・岡義武・丸山眞男「日本における政治学の過去と将来――討論」『日本政治学会 年報政治学』1号，1950年，72頁。
9　細谷千博「総説」『国際政治』61・62号，1979年，x-xi頁。
10　川田，前掲（「日本における国際政治学の発達」），345頁。
11　細谷，前掲（「総説」），xiii-xv頁。
12　細谷千博「シベリア出兵研究の今日的意味――『シベリア出兵の史的研究』の思い出」『外交史料館報』19号，2005年，29頁。
13　宇野重昭「中国共産党史研究から内発的発展論へ」平野健一郎・土田哲夫・村田雄二郎・石之瑜編『インタビュー・戦後日本の中国研究』平凡社，2011年，58頁。中嶋嶺雄『国際関係論――同時代史への羅針盤』中公新書，1992年も参照。
14　Stanley Hoffmann, "An American Social Science: International Relations," *Daedalus*, Vol. 106, No. 3, 1977; K. J. Holsti, "Theories of International

Relations: Parochial or International ?," 『国際政治』85 号, 1987 年。また, アメリカの主な国際関係理論について, 一種のイデオロギー性を論理内在的に照らし出した好例として, 初瀬龍平『国際政治学――理論の射程』同文館出版, 1993 年。

15 関寛治「理論研究 総論」『国際政治』61・62 号, 1979 年, 214 頁。岡部達味『国際政治の分析枠組み』東京大学出版会, 1992 年, 田中明彦「国際政治理論の再構築」『国際政治』124 号, 2000 年も参照。

16 大畠英樹「解説」川田, 前掲『国際関係研究（川田侃・国際学Ⅰ）』, 388-89 頁。

17 丸山眞男「原型・古層・執拗低音」加藤周一・丸山眞男ほか『日本文化のかくれた形』岩波書店, 1984 年, 138-39 頁および 145-48 頁。丸山眞男「日本の思想と文化の諸問題」『丸山眞男論文集・2』みすず書房, 2008 年, 211-12 頁。

18 Amitav Acharya and Barry Buzan, eds., *Non-Western International Relations Theory: Perspectives on and beyond Asia*, Routledge, 2010; Kund Erik Jørgensen, "Continental IR Theory: The Best Kept Secret," *European Journal of International Relations*, Vol. 6, No. 1, 2000; Richard Jordan, et. al., "One Disciple of Many ?," Teaching, Research, and International Project, The College of William and Mary, 2009.

19 Ido Oren, *Our Enemies and US: America's Rivalries and the Making of Political Science*, Cornell University Press, 2003; Brian C. Schmidt, *The Political Discourse of Anarchy: A Disciplinary History of International Relations*, SUNY Press, 1998.

20 日本の政治学・国際関係論を思想として再検討した画期的な試みとして, 酒井哲哉『近代日本の国際秩序論』岩波書店, 2007 年。

21 なお, 吉川元氏の報告が馬場伸也に照準を合わせているのは, 馬場がトランスナショナル・リレーションズ論の輸入を主導したためであり, また中村研一氏の報告は, 日本の平和研究を回顧しながら, とくに坂本義和の研究と行動科学の影響を論じるものであった。

22 南原繁「カントに於ける国際政治の理念」吉野作造編『政治学研究 第 1 巻』, 岩波書店, 1929 年。

23 大畠英樹「国際政治論争――『現実主義』とその批判の展開」『国際政治』61・62 号, 227-28 頁。

24 たとえば, C. Allan McCoy and John Playford, eds., *Apolitical Politics: A*

Critique of Behavioralism, Crowell, 1967; K. J. Holsti, "Retreat from Utopia: International Relations Theory, 1945-70," *Canadian Journal of Political Science*, Vol. 4, No. 2, 1971. よく知られた行動科学の終結宣言として，David Easton, "The New Revolution in Political Science," *American Political Science Review*, Vol. 63, No. 4, 1969.
25 行動科学の研究書の例として，武者小路公秀『行動科学と国際政治』東京大学出版会，1972年。花井等『現代国際関係論』ミネルヴァ書房，1974年。
26 Robert D. Putnam, "Diplomacy and Domestic Politics: The Logic of Two-Level Games," *International Organization*, No. 42, No. 3, 1988.
27 Robert O. Keohane and Joseph S. Nye Jr., *Power and Interdependence: World Politics in Transition*, Little Brown, 1977（滝田賢治監訳『パワーと相互依存』ミネルヴァ書房，2012年，第3版の翻訳）。もちろん，両者によるトランスナショナル・リレーションズ研究が先行していた。Robert O. Keohane and Joseph S. Nye Jr., eds., *Transnational Relations and World Politics*, Cambridge University Press, 1972.
28 本書第5・6章を参照。
29 Keohane and Nye, *op. cit.*, 1972, p. xxiv. Robert O. Keohane, *International Institutions and State Power: Essays in International Relations Theory*, Westview Press, 1989, p. 8.
30 Kenneth Waltz, "The Myth of National Interdependence," in Charles P. Kindleberger, ed., *The International Corporation: a Symposium*, MIT Press, 1970; Kenneth N. Waltz, *Theory of International Relations*, Addison-Wesley, 1979（河野勝・岡垣知子訳『国際政治の理論』勁草書房，2010年）。
31 Robert O. Keohane, ed., *Neorealism and Its Critics*, Columbia University Press, 1986; David A. Baldwin, ed., *Neorealism and Neoliberalism: The Contemporary Debate*, Columbia University Press, 1993.

第1章
永久平和論の体系的導入の試み
──国際政治学者 神川彦松の企図と挫折

森 靖夫

はじめに

　本章は，戦前日本の国際政治学がカントの永久平和論をどのように輸入し，受容したのかを考察する。

　イマヌエル・カント（Immanuel Kant, 1724～1804）は，『永遠平和のために』（1795年出版）の中で，どのようにすれば世界に恒久的平和が訪れるのかという命題に取り組んだ。同著は現代の国際政治学において，ユートピアニズム（理想主義）や平和論の源流に位置づけられているといえる。とりわけ平和論が大きな学問的潮流となった敗戦後の日本において，同著は一貫して愛読され，岩波文庫版は2009年時点で第40版に到達している[1]。

　同著がいまなお一定の読者を惹きつけてやまないのは，永遠平和のために常備軍の廃止を訴え，他国への武力侵略を禁じ，さらに紛争解決のために諸国家からなる世界連合の創設を唱えたその内容が，ウィルソン米大統領の14カ条の平和原則や国際連盟設置を先取りしていたのみならず，軍縮や国際連合による平和維持といった課題を抱える今日の世界においても色褪せていないからであろう。

　だが，戦前日本の国際政治学において永久平和論の体系的な導入が試みられ

ていたことはあまり知られていない。国際政治学がいまだ学問分野として定着していない時代に、その導入を担ったのは、神川彦松（1889〜1988）であった。カント哲学自体は日本でも古くから知られていたが、国際政治学にその導入を図ったのは、神川一人であったといってよい。そこで本章は、神川が残した著作、回顧録、講義録などをたどることで、冒頭に掲げた課題を考察する。

神川は、東京帝国大学法学部で国際政治学の講座を担当した学者として知られているが[2]、その学問的出発点はカント哲学であり、永久平和論であった[3]。では、神川はどのように永久平和論を受容したのだろうか。

神川は、満洲事変に際し満洲を連盟の委任統治下に置くべきという大胆な議論を展開したことで知られる。だがその一方で、太平洋戦争以降、大東亜共栄圏建設の理念を称賛し、戦後は公職追放となり東大を追われた。戦後は国際連合を歓迎したが、その一方で憲法9条改正を唱えたという経歴を持つ[4]。これらの事実だけを見ても、神川がカントの永久平和論を理想主義的に解釈して日本の国際政治学に取り入れたと単純に説明できないことは明らかであろう。

結論へ先回りするが、神川の国際政治学は現実主義と理想主義の両面を兼ね備えていた[5]。神川にとって永久平和は、世界が目指すべき最高善であり、それは国家主義や排他的地域主義が台頭しようとも終始一貫していた。それどころか、神川の考える国際政治学の学問体系の中心的理念に永久平和論は据えられていた。同時に、神川はリアリズム（現実主義）の立場を貫いた。神川は、現実から理念を切り離して、国際政治を科学的、実証的に分析することを重視したが[6]、その方法論も「べきこと」（哲学）と「であること」（科学）を区別するカント哲学から導き出されたものだった。

1. 神川彦松とカントの永久平和論

（1）永久平和論との出会い

神川が永久平和論から理想主義だけでなく現実主義的な意義をも見出したことは、当時としてはめずらしくはなかったように思われる。

第1章 永久平和論の体系的導入の試み

　戦前日本におけるカントの永久平和論の捉え方は実に多様であった。戦争への道を選んだ当時の日本において，少数派だったユートピアニストだけが永久平和論を支持し，一般的には永遠平和論は肯定的に読まれなかったのではないかと想像してしまうかもしれない。しかしながら，第一次大戦後に国際連盟が創設されたことを主なきっかけとして，日本ではカント哲学研究者として著名だった朝永三十郎だけでなく，政治学者，外交官，さらに軍人までもがカントの永久平和論を取り上げた[7]。

　政治学者の吉野作造や南原繁は，第一次大戦後に興った国際平和思想をカントの永久平和論が現実化したものと捉え，歓迎した[8]。法学者の穂積陳重（ほづみのぶしげ）は，1922年1月に昭和天皇に行った御進講の中で，連盟規約はカントに連なる「恒久平和の大宣言」であり，「陛下の至仁博愛，世界の恒久平和を念はせ給ふ大御心を以て」批准した大憲章であるとして，カントの永久平和論，連盟，天皇の徳とを結びつけた[9]。

　他方で，国際連盟の理念の普及に努め，自らも連盟事務局次長（のち局長）として連盟に身を置くことになった外交官の杉村陽太郎はカントを引用して，連盟を「永遠平和の確立」に努めたものと評価したが，連盟はあくまで国家主義に基づくものであり，「ユートピアや空理空論又極端なる平和論又は世界主義」を峻拒した[10]。

　さらに日本陸軍において国家総動員研究の第一人者であった永田鉄山は，永遠平和は理想であるが超時間的なものだとカントは述べていると解釈し，連盟成立によっても永遠平和の目途が立つわけではない，ゆえに国防は絶対に必要と説いた[11]。永田は，連盟によりカントの永久平和論が現実化したと捉える平和論者のカント理解は誤りだというのである。また哲学者の鹿子木員信（かのこぎかずのぶ）は，実現不可能として永久平和論を全否定し，永遠の平和ならぬ『永遠の戦』を刊行した[12]。

　このように，戦前の日本では，職業的立場はおろか，理想主義者，現実主義者も関係なく，永久平和論をそれぞれがよって立つ国際政治観の拠り所としていた。これは一見奇妙なことのように思えるが，理由は簡単であった。そもそも『永遠平和のために』自体がいかようにでも解釈しうるものだったからである。こうした当時の状況を考えれば，神川の永久平和論理解が特異なものでは

なかったことがわかるだろう。

神川彦松は1889年12月に三重県度会郡で生まれた。1915年6月に東京帝国大学法科大学政治学科を卒業後，立作太郎の指導のもとで特選給費学生として大学院に進学し，翌年12月には助教授に採用された。神川を国際政治学創設に向かわせるきっかけとなったのは，1917年春に本野一郎外相より来るべき戦後講和会議のために準備調査を依頼されたことだった。神川は翌12月から1919年8月までスイスへ留学し外交史研究に従事した。そこで神川は，戦争と平和の学を構築する必要を痛感し，とりわけ世界平和機構の構想と英米の平和運動に注目したという[13]。永久平和論との出会いもこの頃であったと思われる。1923年8月に教授に昇任すると，1925年11月に科外講義として「国際政治学概論」の開設が決定した（27年5月より「国際政治学」が開講）[14]。

神川が国際政治学の学問的方法論を確立する上で，その拠り所としたのがウィンデルバンドやリッケルトら新カント学派（バーデン学派）の学説であった。すなわち，カントの認識論を自然科学だけでなく，社会科学や歴史科学にも応用し，理念を対象とする哲学と客観的世界や現実の世界を対象とする科学とに学問を峻別したのである。具体的には，世界平和，世界連帯といったユートピアの構想を課題とする「国際政治哲学」と，国際政治現象を歴史的，経験的，客観的に分析する「国際政治科学（史学）」とに国際政治学を分けた。この二つの世界は全く異質の世界であり，理論的にその間を架橋することはできない。神川によれば，国際政治学プロパーはこの国際政治科学の領域に属すべきだという[15]。

しかし，その中間学問として神川は「国際政治政策学」を措定した。国際政治政策学は，「国際政治科学および国際政治史学の提供する経験的法則や知識を応用して，世界永久平和や世界連帯を基調とする理想社会を実現するための正しき方策・手段を探求する実践科学」であるという。こうして神川は，新カント派の方法二元論を独自に発展させた。すなわち，国際政治科学の静態的・平面的観察だけでは国際政治の実相はわからず，架空の理念的構想のみでも国際政治の動向を予知することはできないため，この両者を止揚し，理想的境地にいたる方途を模索しなければならないと神川は考えたのである。神川の方法論は，現実を理想に近づけるために行動・変革をめざし，それを目的化するマ

ルクス主義の方法一元論とは一線を画していた。あくまで神川は，歴史的・実証的考察を重んじた。それゆえ神川からすれば，カントの永久平和論が軍備の撤廃を訴えているからといっていますぐ軍備を放棄するべきと解釈するのは誤りなのであった。

神川は，理想は現実と区別されるべきだが，永久平和論を単なるユートピアとして捨象するのではなく，そうなるように不断の努力を行うべきものと理解していた。この点は，道徳と政治は一致すべきであり，また一致しうるとカントが述べた箇所に符合する。カントが述べたように，「この義務概念（道徳）に権威を認めた後で，それをなすことができないとなお言おうとするのは，明らかに不合理」であった[16]。

(2) 永久平和論の体系的導入

神川は，はやくも1927年6月に『国際連盟政策論』を永久平和の処方箋として世に示した（脱稿は1926年末だったという）[17]。その著作の中で神川は，カントの永久平和論の内容を紹介し，カントは永遠平和が可能かどうかよりも，戦争絶滅の努力を不断に行うことに重点を置いていると解釈している。

ところで，哲学者の朝永三十郎がその合理的解釈に四苦八苦したように，カントの個人主義的国家観から出発する世界構成，すなわち個人―国家―国際関係には整合性が欠けていた。というのも，カントは個人―国家の関係と国家―国際関係とは同じ関係にあると捉えていた。それゆえ，個人―国家間関係において個人主義に基づく共和制諸国家を前提とするならば，国家―国際関係においても諸国家の独自性や自主性は確保されるはずである。そうすると，国家の没個性の上に成り立つ世界国家（国際国家，世界共和国）を構築することは実現不可能となってしまうのである[18]。やむなくカントは「消極的な代替物」として国家の自主性を残す形での世界連合を永遠平和のための条件（確定条項）とした[19]。永遠平和が実現不可能だとカントが考えていると一部から解釈されてしまう所以である。

しかし神川は，この問題についてはこれ以上深入りせず，「国家民族」の個性を尊重した上で「連帯」の概念を用いて永久平和の世界を描いた。個人主義に基づくカントは「連帯」について明瞭には認めていなかったが，神川は永遠

平和のために不可欠の原理と考えた。

　『国際連盟政策論』の中で神川は，永久平和を「世界平和主義と世界連帯主義の原理に基き，世界の永続的平和を確立し人類の文明を向上せんが為めに，一般の社会関係及び社会価値に対し，世界の人類が共同に行ふところの共同管理」する世界と規定した。このような共同管理の担い手はすべての「国家民族」であり，究極は「人類全体」であるという。ここでの社会は，部族社会，民族社会，国民（国家）社会，人類社会と多層的なものが想定されていた。神川によれば，社会の一構成要素である民族は，自己の民族のみに目的価値を求め他の民族のそれを否認するような民族至上主義を許容しないという。永久平和のもと，これらの各社会が共同管理して国際秩序を維持する。現実の国際連盟は，連盟の理想像である世界共同管理へむけた初期段階にすぎなかったが，連盟をいかにして理想に近づけていくかを「政策学」的に考察することが，神川の主要な研究テーマの一つとなった。

　以上見てきた通り，神川は国際政治学を体系づける上で，カントの永久平和論とその根底にあるカント哲学に強く影響を受けていた。その特徴は，哲学（理念）から切り離して政治を科学的実証的に分析すること，それと同時に，理念の追究にも重きを置いたこと，両者は別次元で交わらないとしながらも，現実を理念に近づけるよう取り組むこと，であった。神川は自らそれを実践しようとした。とりわけ本章で取り上げる神川の時事論は，永久平和を実現するための「正しき方策・手段を探求する実践科学」，すなわち神川が分類するところの「国際政治政策学」であった。

　教授に昇任当初の神川は，ウィルソン米大統領の国際連盟構想をカントの永久平和論を具現化したものとして歓迎していた（「国際平和思想より観たるカントとウィルソン」1924年[20]）。しかし，実際の国際連盟は，カントが言うところの世界連邦国には程遠いと考えており，その評価は禁欲的かつ現実的であった。たとえば，「現在の連盟制度を改良せんと欲して直ちに理想的制度を以て律し来らんとする論者が少なくないのは，理想と現実を忘却し政治の進化過程を無視したものと言わねばならない」と神川は述べ，連盟の大国優越主義（常任理事国制度）は，国家間の平等主義に反するが，全人口の5割7分を占める7大強国が優越的地位に立つのは相対的平等であり理にかなっていると評している

(「連盟主要機関の構成に関する理想と現実」1926年[21])。軍備撤廃や軍備制限についても同様に、「正義のみは独立しえない、必ずや其の背後に武力が存在せねばならぬ」と述べ、それらが実現するためにはあらゆる国際紛争が平和的に解決され、連盟への違反者に対する国際制裁が有効に機能しなければならないとした（「国際制裁に就て」1928年[22]）。

　だからといって当時の神川が永久平和論を軽視していたわけではない。それがよく表れているのは、世界をたえざる競争状態におかれた適者生存の社会と見たダーウィンの進化論が、道徳と政治の一致を説くカントの議論に反するのみならず、闘争には腕力闘争だけでなく平和時の労働力、知力、道徳力による平和闘争も含まれるのであり、その点で人間は動物と区別されるべきだと神川が批判した論稿である（「世界平和主義の考察」1927年[23]）。このように神川は現実政治の分析に理想を織り交ぜることに禁欲的である一方で、「国際連盟政治を規制すべき最高の原理は世界平和主義である」（同上）との立場を崩さなかった。神川の国際政治学がそうであったように、神川自身の研究にも理想主義と現実主義が明確に区別されながら併存していたといえよう。

　もっとも、神川が戦後述懐した通り、神川の国際政治学は方法二元論に起因する根本的な問題を抱えていた[24]。それは、架橋することの不可能な理想主義と現実主義との整合性をどのように確保するのかという問題である。神川は、それを哲学的思弁、政策論的構想、実証科学的認識の三者をあわせ用いることで克服しようとした。しかし、現実の国際情勢が神川の政策提言とは相容れない方向に悪化した場合、その提言はもはや現実とは乖離したものとなる。そのため、悪化した後に提示する政策は新たな現状を踏まえたものでなければならず、前後の政策提言の一貫性を保つことが難しくなるだろう。

2. 理想と現実のはざまで

(1) 国際連盟脱退

　1931年9月、神川にとって早くも試練が訪れる。皮肉にも国際連盟の試み

に挑戦しようとしていたのは日本であった。日露戦争によって獲得し，発展させてきた満洲権益を堅守しようとする日本と，急激に高まるナショナリズムを背景に国権回復を図る中国との間に一触即発の緊張が高まっていた。事態を重く見た関東軍は，満洲の鉄道権益と在留邦人保護を名目に，中国軍へ武力攻撃を仕掛け，いっきに満洲を占領することで問題の解決を図ったのである（満洲事変の勃発）。

　神川は事変の前後に満洲問題について大胆な議論を展開していた（「満蒙と我が特殊権益『座談会』」1931年9月4日，「国際政治学上より観たる満州問題」同年10月5日，「満洲問題の国際政治学的考察」同年10月15日[25]）。それは，中国の排外的ナショナリズムを批判しつつ，日本の帝国主義的政策の継続も問題解決にはならないというものであった。日中の対立は世界革命を目指すソ連の介入を招き，日本の帝国主義的解決はアメリカの金融資本の反発を招く。このように，神川は満洲問題を国際問題として見ていた。それゆえ，第三国を介した満洲の中立化，あるいは連盟による委任統治方式の採用という国際主義的解決策を神川は示したのである[26]。委任統治については満洲国建国後に発表した「満洲委任統治論」「十字路頭の日本外交——満洲新国家の政治的展望」（1932年3月8日執筆）で詳述している。神川は，満洲の主権については問題とせず（チベットと同様中国に満洲との宗属関係を認めている），イギリスのイラク・パレスチナ統治と同様，自立するまでの一定期間，連盟の監督のもと，受任国日本の助言や援助を受けるA方式が適していると考えた[27]。なお，満洲国建国後は，第二の選択として満洲国の永世中立国化を提示している。恩師である立作太郎は満洲事変を自衛権の発動として容認したが，神川はこうした議論と一線を画していたといえる[28]。

　連盟脱退論が世論で高まると，神川は日本の連盟脱退に反対した。日本が国際協調外交をとる限り，連盟を脱退する必要はないのであった（「連盟脱退論を排す」1932年[29]）。もっとも神川は日本の満洲国承認を擁護したし（「国際法上より観たる満洲国承認」1932年[30]），リットン報告書が満洲を国際中間地帯と認めたことを評価したが，実効性の薄い国際管理案だった点で批判的であった（「リットン報告に於ける解決案の批判」1932年[31]）。そもそも既成事実となった満洲国を否認したリットン報告書を歓迎することは非現実だった。こうして神川

の政策論は，自身が述べる通り，日本と世界との調和を求めるべく，連盟脱退を招きかねない日本の大陸政策でも連盟への忠誠でもない「第三の途」を模索したものとなった。

しかし，1933年に入ると，日本の現地軍は残された熱河省を満洲国に編入するため，熱河侵攻を推し進めた。その結果，日本の連盟における立場はますます悪化し，2月21日に開かれた連盟総会でリットン報告書採択とそれに基づく勧告案が賛成42，反対1，棄権1で採択された。それを受けて3月27日，日本は正式に連盟脱退を通告した。

(2) 極東連盟論

神川の政策論は日本の連盟脱退によって紙切れ同然になってしまった。しかし連盟脱退という現実を前提として，神川は次なる政策提言を行った。それが極東連盟論であった。極東連盟とは，「例えジュネーヴの国際連盟より脱退したりとするも，我国は決して国際連盟の主義方針を全く放棄せしには非ず，その原則を極東の範疇に適用し，極東の国際連盟を実現すべしとする」というものであった。

注目すべきことに，神川は「連盟の精神」を放棄していなかった。神川はこの時期に高まりつつあった大アジア主義を目指す主張に対しては，「白人帝国主義」との対立（大陸間の対立）を克服しなければならず，到底実現不可能なイデーであると一蹴した。さらに大アジア主義のような汎大陸主義やモンロー主義は，国際連盟の根本精神である世界普遍主義とは調和しないという。神川によれば極東連盟は日本，満洲，中国，タイ，シベリア，フィリピンによって構成され，これらがアジア共同の利益を進めるとき，「極東永遠の平和が確立する」という（「亜細亜連合か極東連盟か」1933年[32]）。

極東連盟が成立するためには，日・満・中の経済的結合，すなわち経済ブロック（アウタルキー）が前提条件となっていた。神川によれば，アウタルキーどうしの結合関係とは，同レベルの「資本主義的発展段階にある民族国家間の結合」であり，「双方が平等の地位に於いて連合し相互に利用するの関係」であった（「民族主義の確立とアウタルキー」1933年[33]）。それゆえ，戦争を惹起する汎大陸主義やモンロー主義とは異なり，むしろアウタルキーは国際主義の発

展でなければならないと神川は述べている。これは，当時天羽英二外務省情報部長が出した，排他的なアジア・モンロー主義の声明，いわゆる「天羽声明」に対する警鐘であった。

しかし，神川の提言とは反対に，日本は自ら国際協調の道を狭めていった。1934年12月に日本はワシントン海軍軍縮条約の破棄（破棄後2年間有効）を通告，翌々年1月に第二次ロンドン海軍軍縮会議を脱退することになる。日本海軍は対英米対等の軍備保有を主張しており，無条約時代と海軍軍拡競争に突入する可能性が高まっていた。軍部はこれを「1935, 6年の危機」として国防強化の急務を喧伝した。国際連盟脱退の発効も1935年3月にせまっていた。

ここでも神川は，条約を破棄すれば対英米戦争は避けることができないため，「世界平和に対する熱望」によって日・英・米が新条約を結ぶべきだと訴えた（「ワシントン条約の廃棄と其の影響」1934年11月，「1935年海軍会議への展望」1934年[34]）。するとこの時事論は右翼の怒りを買い，神川の留守中に笹川良一を総裁とする国粋大衆党の関東挺身隊に自宅を襲撃されることとなった。とうとう神川は，家族を含めて生命の危機にさらされるまでになり，以後の執筆活動に支障をきたすこととなった。

日本は無条約時代に入った。神川自身もテロの脅威にさらされたが，それでもさらなる提言をやめなかった。神川は，オランダ領東インド領を中心に対英米戦争の舞台となることが予想された太平洋の問題について，極東連合（日本，満洲国，中国，タイ，フィリピンを成員とし，東部シベリアを有するソ連，インドシナを有するフランス，そしてフィリピンに統治権を有するアメリカを副員とする），コモンウェルス，汎アメリカ連合ら一大平和連合を形成し，①新たな領土獲得の放棄，②諸民族独立または自治の付与，③労働力の移動，移民に関する自由で公平な政策，④原料資源の共同利用，ならびに市場開放，などを実現することを提唱した（「太平洋問題と其解決案」1937年7月[35]）。

以上のように神川の政策論は，連盟による満洲問題の解決案から，極東関係諸国による地域統合や集団安全保障へと形を変えた。もっとも，太平洋地域に限定してはいるものの，民族の相互尊重のもとで普遍的平和機構を設立するという，カントの永久平和論から導き出した「連盟の精神」が，ここでも生きていることは注目に値しよう。だが，日本がアジア・モンロー主義にこだわった

ことや，それ以上に自宅を襲撃されたことで，神川がこれまで通り対米戦争回避論と対英米協調論を続けていくことは難しくなっていく。

3. 生き続ける永久平和論

(1) 東亜連盟論

　1937年7月7日，北京郊外の盧溝橋で発生した日中の小規模な軍事衝突は，わずか3週間でまたたく間に本格的な戦争に発展した。神川は永久平和論を実践しようと格闘したが，日中全面戦争により神川の提示した極東連盟や極東連合は，ますます実現困難な理想論となった。

　なにより神川が危惧したのは，日本が国際平和とデモクラシーに敵対する国家として国際的に位置づけられ，対英米戦争の可能性がますます高まったことであった。前年に締結された日独防共協定に対抗して，ソ連はファシズム対人民戦線という対立の構図を国際的に喧伝したため，やがて国際関係は日独対英仏ソの対立に発展するだろうと神川は見た（「日独防共協定の本質と其特殊性」1937年[36]）。

　さらに1937年10月にアメリカのF・ルーズベルト大統領が行った有名な「隔離演説」は，神川を驚かせた。名指しこそしなかったものの，日・独・伊を国際平和に挑戦する侵略国として批判し，経済的制裁を加えるよう呼びかけたのである。米英仏らによる経済制裁は，日中戦争に対してアメリカが中立法を適用すれば現実に起こりえた。結局，日中両国が宣戦布告をしなかったため中立法は適用されなかったが，紛争当事国に軍需物資の輸入を禁止する中立法に英仏などが追随すれば，実質的に国際的経済制裁になりえたのである（「日支事変と米国の対外政策」1937年[37]）。

　他方で中国は，日本の軍事行動を9カ国条約と不戦条約に違反するとして連盟に提訴した。連盟総会は中国に同情的で，中国の提訴を受け，ブリュッセルにおいて9カ国条約会議が開催された（日本は欠席）。対日制裁措置はとられなかったものの，結果として日本は，国際平和機構として機能していたワシント

ン諸条約の破壊者とみなされた。

　神川は,「戦後の二大国際平和機構たる国際連盟及びワシントン条約に対し信頼の念を失った事は寔に遺憾とする処」としながらも,「真の国際正義に基く国際平和の確立, 真実の国際連帯に基く国際協力の増進」を目指すため, 現在の連盟を解散し, 諸国家と普遍的国際連盟との中間に大陸的地方的団結が必要であると訴えた。具体的には日本, 満洲, 中国の東亜連合であり, 世界の各地方的連合（汎ヨーロッパ団体, 大英帝国, 汎アメリカ団体, ソ連）と共に世界連盟を結成しようというのである（「国際平和機構と我国の立場」1938 年[38]）。神川は日中戦争の現実については触れず, 満洲国, 中国と共に新たな連盟を創るという点に絞ることで, これまでの論理との整合性を何とか保とうとした。

　日本は首都南京を陥落させたが和平の目途は立たず, 近衛文麿首相が「国民政府を対手とせず」（1938 年 1 月）との声明を発表した。こうして戦争の長期化は避けられなくなった。その後も戦争を何とか打ち切ろうと, 日本政府は 1938 年 11 月に「東亜新秩序声明」を出した。声明は, 日・満・中の連帯により東アジアにおいて国際正義を確立し, 共同防共, 経済提携を進めるよう中国側に呼びかけたものだった。神川は「新東亜建設の諸条件」（1940 年）の中で, 東亜新秩序声明に対してはっきりとは批判しないまでも懐疑的だった。神川によれば, 東亜新秩序を建設するためには欧米の帝国主義秩序とソ連の「赤色帝国主義」とを打破しなければならず, その建設は「偉大なる困難な問題」で「数年で出来ることではな」かったからである[39]。また神川は, 新秩序建設が「新なる世界平和, 新なる世界秩序という条件にすぎない」と, あくまで世界平和への発展段階でなければならないとした。

　欧州では, 日本と共同防共を謳ったドイツがソ連と不可侵条約を結び, ポーランドへ侵攻したことで第二次世界大戦が勃発した（1939 年 9 月）。日本は欧州で起こっていることに対して静観する姿勢をとっていたが, 英米の戦意を喪失させることを目的に日独伊三国同盟を結んだ（1940 年 9 月）。神川は, 第二次世界大戦をアングロ・サクソン民族対ゲルマン民族の対決と見ており, 三国同盟によって日本はゲルマン側についたとみなされ, 英米の戦意を喪失させるどころか, 間違いなく世界大戦に巻き込まれるだろうと予測した（「日独伊三国同盟と国際情勢」1940 年[40]）。神川は現実味を帯びる対米戦を想定し,「なんと

申してもアングロ・サクソンは最も手ごわい敵手でありまして,……日本は十年,二十年の奮戦を覚悟しなければならぬことは至極当然のこと」と述べるほど,悲壮感を隠さなかった。

(2) 対米戦争と敗戦

　日本は欧州戦線の間隙に乗じ,南方資源を獲得するため南部仏領インドシナへ進出した(1941年7月)。南進は,アメリカの対日石油輸出禁止という事態を招き,日本政府はついに対米戦争の決断に踏み切った。神川が一貫して回避を試みてきた対米戦争が現実のものとなったわけだが,それでも神川はこれまでの議論を繰り返した。神川は「アジア文明の代表者たると同時に西洋文化の粋を摂取同化せる日本国及び日本民族は,この欧亜の二大文化圏二大共栄圏を連絡するところの媒介者となるだろう。東西両洋の文化圏と共栄圏が自由にして平等な立場において相接触し,相琢磨し,相協力するにおいて始めて人類文化の高次的発展と,世界平和の強固な樹立とが期し得らるる」(「大陸連合体建設の基礎条件」1942年[41])と述べているように,西洋との調和による世界平和が最高善であると神川は主張した。

　また神川は,「道義に基づく共存共栄主義」の原理を打ち立てようとした大東亜共同宣言(1943年11月)に対しては,「アングロ・サクソン世界の絶対的個人主義,徹底的利己主義,唯物的功利主義の原理」に基づく大西洋憲章を超克するものとして期待を寄せた(「大東亜会議と大東亜共同宣言」1944年[42])。大東亜宣言の述べる「道義に基づく共存共栄の原則」は,神川が1920年代から主張し続けてきた国際連帯主義に相通じる。神川は,大東亜共栄圏が「他の世界における諸々の共栄圏と互助敦睦の関係を樹立」することを期待した。

　これまで見てきた神川の政策論を現実と乖離した単なるユートピアと片づけることもできよう。だが,少なくとも,満洲問題が国際問題になるとの判断,連盟脱退やワシントン諸条約から離脱することは英米との戦争を不可避にするとの判断,日独防共協定は対英米戦争の危険を高めるとの判断は,いずれも現実的な分析に基づいていた。神川の国際政治学の方法論に即していえば,神川は自らが解釈したカントの永久平和論に忠実であり続け,日本外交の現実と国際平和という理想との間を架橋すべく,「連盟の精神」(連盟ではなく)に基づ

いた提言にこだわり続けたといえる。ただし,「連盟の精神」により忠実であろうとするならば,日中戦争に反対し,「相互尊重」による中国との民族的「連帯」を日本外交に訴えることが論理的にも道義的にも必要だったと言わざるをえない。

4. 継承されなかった神川の永久平和論

(1) 永久平和論への執着

日本はポツダム宣言を受諾し,連合国に対して無条件降伏した。神川は,敗戦後4カ月で論壇に復帰し,連合国による日本の民主化及び非軍事化政策を受け入れ,民族の再生を図ろうと訴えた(「現下の国際情勢と日本」1947年[43])。しかしながら,1947年9月に公職追放によって神川は東京大学を追われることとなった(解除後,52年4月に明治大学に赴任)。

さて,「自然」の力が人類を永遠平和へと導く,人類も永遠平和にむけて努力し続ければ自ずと世界は永遠平和へと近づいていくという神川の永久平和論解釈は,日本の大陸膨張と国際的緊張によって,非現実的なものとなった。それどころか,結果的にその解釈は日本の戦争を正当化することとなった。にもかかわらず,神川は永久平和論への言及をやめなかった。

追放中も執筆活動を続けた神川は,これまでの研究の集大成ともいえる教科書『国際政治学概論』を翌年に上梓した。同書は1966年に全集に収められたがほとんど修正増補されていない。そこに示された学問的方法論は,『国際連盟政策論』(1927年)以来の新カント派的二元論を継承したものだった。

『国際政治学概論』第三篇「国際政治政策学」で,神川はこれまでの議論と同様,「世界平和主義」と「世界連帯主義」を原則とする世界連邦を永久平和の理想社会として描いた。

神川は,現状では永久平和がいかに非現実的であっても,「国際政治の将来も,またかやうな弁証法的法則に従って展開してゆくものと予想せざるをえない」のであり,「かやうな発展を永恒に繰返して国際政治は一歩一歩とその理

第 1 章　永久平和論の体系的導入の試み

想郷に近づきつつある」と考えていた。さらに、「世界連邦国家は全く可能性がないとはいへない」が、世界共和国は人類にとり「永遠の課題」であり、人類は「世界帝国に代るに真実な民主主義的、連帯主義的世界連合」を将来の世界に希望すべきだと締めくくっている[44]。

　他方で神川は、現代国際政治分析における理想論や空想論を斥けた。神川は、「永遠的な理想的なわが国の対外国是としては、中立主義や第三勢力論は十分問題となる価値があることは言うをまたない」と断りつつ、現実にとるべき政策としては「目下の我が国の境遇上これらは全然問題とはならない」と述べている（「新日本の外交コース」1954 年[45]）。しかしこうした議論は、永久平和論となんら矛盾するものではなかった。

　神川が、朝鮮戦争後の再軍備を当然とし、あらゆる戦力の放棄を謳った憲法 9 条の改正を唱えたことはつとに知られているが、これも神川にとって永久平和論と矛盾するものではなかった。神川によれば、「およそ現在の国際社会に於て軍備のない国家は存在し得ない」のであり、「軍備の撤廃は全世界のすべての国が普遍的に軍備を撤廃してはじめて可能となるもの」であった。くわえて、「軍備を一国だけで簡単に撤廃できるものならば、それより前に、まず国内の警察が無用にならねばならぬ筈である」と神川は言う（「いわゆる神川証言――行政協定に対する一つの批判」1952 年 4 月[46]）。

　神川は、カントも軍備の撤廃を永遠平和のための予備条項（戦争の原因を排除するための消極的条件）に挙げたが、自衛権までは否定していないと解釈していた。また、軍備縮小を可能にする国際軍の編成も、大国の軍備放棄を必要とするため、世界連邦国や世界共和国が成立しない限り不可能であると考えた（『国際政治学概論』390 頁）。こうしてみると、当時の神川の現実主義的論調もカントの永久平和論から導き出されたものといえよう。

　くわえて、神川の憲法改正・再軍備論は、国連中心主義を掲げる日本の外交方針を前提としており、現行憲法が国連における平和維持活動に積極的に参加する上での足かせになっているという認識から打ち出されていた（「国際連盟における日本と国際連合における日本」1963 年[47]）。つまり、神川の再軍備論を支えていたのは、国際社会における「連帯」の一端を担うべきという戦前以来の「連盟の精神」なのであった。

(2) 神川以降の永久平和論

　神川は，1965年に出した「日本の国際政治学の課題と現状」の中で，日本の国際政治学のこれまでの歩みを総括している[48]。神川は，自らが思索した日本の国際政治学の方法論を「日本学派」と呼んではばからなかった。神川からすれば，イギリスのE・H・カーは科学的方法論を重視しておらず，アメリカのH・J・モーゲンソーですら学問的方法論について曖昧な立場をとっていると見なしており，日本だけが特別遅れをとっているという認識はなかったようである。

　また同論文の中で神川は，国際政治が抱える諸問題について触れている。それは神川が再三強調してきた方法二元論に起因するものだった。すなわち，政治的営みにおける霊と肉，イデオロギーと権力，あるいはユートピアニズムとリアリズムは，二者択一の関係ではなく，政治は両者の不断の交錯・闘争の過程であった。神川は自らの方法論が「方法二元論」をとり，理念的考察と経験的考察とを峻別する点で，ユートピアニズムとリアリズムの統合を説くカーと異なると述べているが，国際政治学の二元性を乗り越えようとする点ではカーと同じであったといえる。単に理想主義でもなく，単に現実主義でもない。この二元性こそは，神川が克服できなかった課題であった。

　神川の永久平和論解釈と学問的方法論はその後の日本の国際政治学に継承されたとはいいがたい。それは，戦後の国際政治学者たちが神川のカント解釈が日本の侵略戦争に対する無抵抗を招いたことを受け，意図的にそれを黙殺したためかもしれない。あるいは本書第3章に見る高坂・坂本論争に代表されるように，現実主義者と理想主義者が相互にレッテル張りをして対立を深めていく中で，神川の方法論が魅力を失っていったことも一因かもしれない[49]。また，神川にとっては理想主義の鑑であると同時に現実主義の知恵でもあったはずのカントの永久平和論は，平和研究[50]の興隆によって戦前以上に読まれるようにはなったが，現実主義者にとって縁遠いものとなってしまったように思われる。

第 1 章　永久平和論の体系的導入の試み

おわりに

　日本の国際政治学は，カントの永久平和論をどのように受容してきたのか。本章は，日本の国際政治学者神川彦松を通じて，その考察を試みた。その結果みえてきたのは，カントの永久平和論を理想主義の源流と捉える通常の理解とは異なり，神川は，永久平和論から理想主義と現実主義の両面を読み取り，それを国際政治学の学問体系に取り込んでいたことだった。
　神川は，新カント派の方法論によってカントの永久平和論を再解釈した。すなわち，新カント派が社会科学における価値と判断を峻別したように，国際政治を「国際政治哲学」と「国際政治科学」に区別し，国際政治の理想や理念の考察と政治現象の科学的分析との住み分けを行った。神川は，国際政治を実証的に分析することに重きを置いたが，それのみでは学問が「うしろむき」になってしまう，と述べているように，理念や価値の追求に対しても同時に比重を置いた。その理念とは言うまでもなく永遠平和であった。
　他方で，神川は「国際政治哲学」と「国際政治科学」という二つの領域が全く異なる次元にあり，両者を統合することはできないことを強調した。だが，それは国際政治学から哲学や理念の追究を排除することを意味しない。神川は，科学的経験的知見を前提としつつ，実現不可能に思われるが最高善である永久平和に現実を近づけていくための処方箋を示す実践科学，すなわち「国際政治政策学」の必要を説いたのである。一見すると現実主義的な国際政治観を有していながら，神川が世界平和へのまなざしを絶やさなかったのはそのためであった。
　国際連盟の誕生をみた神川は，永遠平和へ向けた第一歩としてそれを歓迎した。カントの永久平和論の神髄は，不可能であっても永遠平和を実現するため不断の努力を続けることにあると神川は信じた。その上で神川は，カントが各国の自律性が認められた世界連邦を「消極的代替物」ながら理想としたことに同意しつつ，カントが明示的には容認しなかった世界連帯主義（民族間の相互尊重）を永遠平和の原理とした。神川はこれと世界平和主義とをあわせて「連

33

盟の精神」と考えた。

　神川は，国際連盟が多くの問題を抱えることを指摘しつつも，世界連邦の役割を担うものとして期待した。それゆえ神川は，満洲事変が起こった際には連盟を通じた解決を訴えた。日本が連盟脱退を決意した後は連盟を見限るが，民族どうしの対等な連帯を謳い，日・満・中からなるアジア版の国際連盟の設立を訴えた。それは，決してアジア・モンロー主義のように排他的な地域主義ではなく，外に開かれたものであり，神川の言う世界普遍主義と矛盾するものではなかった。

　神川は国際連盟の信奉者であったというより，「連盟の精神」の信奉者であったというべきだろう。日本政府が連盟脱退を決定した後もその理念を放棄することはなかった。その点は，満洲事変から日中戦争を経て太平洋戦争にいたるまで一貫していた。

　他方で，神川は現実主義的な国際政治分析に徹しようとした。満洲事変以降，ことあるごとに日本の外交政策が対米戦争を招くとして警鐘を鳴らし続けたことが，何よりそのことをよく物語っている。自宅を襲撃され，自分や家族が危険にさらされて以降，日本外交への批判は影をひそめたが，少なくとも真珠湾攻撃までは一貫していたとみてよい。

　このように神川は，永久平和論から導き出した「国際政治政策学」の忠実な実践者として，リアリズムの立場をとりながら，世界平和の実現（「連盟の精神」の実現）を提言し続けた。満洲事変以降日本が現状を変更して戦争への道を歩むたび，神川は新たな現状を踏まえた政策提言を行った。それゆえ，神川が日本の大陸侵略を容認したか少なくとも無批判だったという誹りは免れない。少なくとも，民族間の相互尊重を平和の原理としながら，中国に対してそうした配慮があったとは言えないだろう。

　戦後の神川は，国際連合も十分な国際安全保障機構としての役割を果たせていないと批判しつつ，「連盟の精神」を理念として掲げ続けた。国内においても憲法9条の改正と再軍備を訴えた。しかし神川にとって，それらはカントの永久平和論となんら矛盾するものではなかった。神川は，独立国家が軍備を保有するのは当然であり，もし軍備を撤廃するのであればすべての国家が同時に撤廃しなければ実現不可能だと解釈した。

第1章 永久平和論の体系的導入の試み

　神川にとってカントの永久平和論は，理想主義に燃え，性急に現実と永遠平和とを結び付けることを勧めたものではなかった。永遠平和への努力も必要であるが，あくまで永遠平和の到来を保証するのは「偉大な技巧化」としての自然（運命，あるいは摂理）であった。すなわち，戦争によって人類を対立させたのも自然であり，法秩序を作らせたのも自然であり，永遠平和をもたらすのも自然なのである。

　神川はカントの永久平和論を日本の国際政治学に体系的に輸入しようとした唯一の学者であったといってよい。だが皮肉にも，神川は敗戦後 GHQ によって戦争協力者とみなされ，公職追放となった。さらに神川が憲法改正論・再軍備論者として脚光を浴びたことで，神川国際政治学のルーツがカントの永久平和論にあったことは忘れ去られていったように思われる。神川以降の国際政治学者が神川の永久平和論解釈を忌避したのも当時として無理はないのかもしれない。

　戦後に永久平和論の担い手になったのは，理想主義や平和構築学の論客であった。彼らによって，カントの永久平和論は，平和構築の青写真を描いた先駆的書物として日本に広く普及していった。しかし，理想主義者と現実主義者との間の思想的対立と専門分化（棲み分け）は，神川が指摘した国際政治学における二元性の問題を修復困難にした。

　近年にいたって，国際政治学の草分け的存在であるカーやモーゲンソーを現実主義か理想主義かといった単純な二項対立の構図にあてはめず，彼らの両面的性格に着目した研究が現れている[51]。神川だけでなく黎明期の日本の国際政治学者に関する研究もまた，そうした視角から再検討される必要があるように思われる。

注
1　カント著，宇都宮芳明訳『永遠平和のために』岩波文庫，初版1985年。
2　全5回の特別講義で初めて「国際政治学序説」を担当したのは南原繁であった（苅部直「平和への目覚め——南原繁の恒久平和論」『思想』945号，2003年）。南原もカントの永久平和論を強調して講義した。
3　神川彦松「わが国際政治学の生立ちについて」『日本学士院紀要』25巻1号，

1967年（『神川彦松全集 第7巻』勁草書房，1969年，65-107頁所収）。

4 満洲事変における神川の主張を取り上げたものとして，臼井勝美『満州国と国際連盟』吉川弘文館，1995年，神川の連盟観，大東亜共栄圏，国連観の一貫性を指摘したものとして，春名展生「『大東亜共栄圏』の記憶が戒めるもの──神川彦松の所説を通して再考する」『大阪経済法科大学アジア太平洋研究センター年報』5号，2007年がある。広域秩序論者として神川を取り上げたものに，酒井哲哉『近代日本の国際秩序論』岩波書店，2007年，現実主義的国際政治論者として神川を捉えようとしたものに，永井馨「リアリズム国際政治論と神川彦松の権力政治思想──モーゲンソー・カー・神川彦松の理論の比較を中心に」『大東法政論集』11号，2003年がある。森田吉彦「国際政治──『外交』『国際』『政治』をめぐって」土倉莞爾・廣川嘉裕・大村和正・大藪俊志・森田吉彦『現代政治の理論と動向』晃洋書房，2016年は，神川の国際政治政策論とその挫折を論じている。

5 春名展生「国際政治学の生物学的基礎──神川彦松の忘れられた一面」『国際政治』148号，2007年は，生物学的自然法則の導入に着目して神川の国際政治学を総合的に理解しようとしたものである。春名は，「『理想主義』と『現実主義』の両面を自らの総合的な国際政治学体系内に並列させていた」と述べる一方で，1930年代半ば以降に理想主義から現実主義へ「転向」したという通説を踏襲している。本章脱稿後，春名展生「進化論から地政学へ──神川彦松の国際政治学」同『人口・資源・領土──近代日本の外交思想と国際政治学』千倉書房，2015年が出版された。

6 神川が，日本外交文書の前身である大日本外交文書（1936年刊行）の刊行を政府に献策し，実現させたことや，戦後は国際政治学会に太平洋戦争原因研究部を設け，当時未公刊だった外務省記録や防衛庁戦史室資料を本格的に用いた画期的論文集『太平洋戦争への道』（全7巻及び別巻）刊行の推進者だったことからも，神川がいかに実証研究を重んじていたかを察することができよう（小林龍夫「『日本外交文書』の育ての親神川彦松先生を偲ぶ」『外交史料館報』2巻，1989年）。

7 朝永三十郎を中心に戦前期の日本の哲学者によるカントの永久平和論研究を扱ったものとして，芝崎厚士『近代日本の国際関係認識──朝永三十郎と「カントの平和論」』創文社，2009年を参照。他に，片木清「『永久平和論』よりみたわが国におけるカントの受容について」家永三郎・小牧治編『哲学と日本社会』弘文堂，1978年がある。

8 吉野作造「国際連盟は可能なり」1919年1月，「国際平和思想」1920年2月，

ともに『吉野作造選集 6 大戦後の国際政治』岩波書店，1996 年，所収。南原繁「カントに於ける国際政治の理念」『小野塚教授在職二十五年記念・政治学研究 第 1 巻』岩波書店，1927 年。南原については苅部直「平和への目覚め——南原繁の恒久平和論」『思想』945 号，2003 年を参照。
9 「『ベンサム』『カント』の恒久平和論と国際連盟の由来」『穂積陳重・八束進講録』岩波書店，1929 年。
10 杉村陽太郎『国際連盟の理想と現実』国際連盟協会，1921 年 7 月。杉村ら連盟で働いた外交官の動向については，篠原初枝『国際連盟』中公新書，2010 年を参照。
11 永田鉄山「国家総動員」『昭和二年帝国在郷軍人会講習会講義録』帝国在郷軍人会本部，1927 年，他に，永田の陸軍士官学校六期下の村上啓作『戦争要論』陸軍大学校将校集会所，1915 年も参照。永田鉄山の全体像については拙著『永田鉄山』ミネルヴァ書房，2011 年を参照。
12 鹿子木員信『永遠之戦』同文館，1915 年，同「カントの『永遠平和』を論ず」『哲学雑誌』353，354 号，1916 年。伊藤貴雄「永遠平和論の背面——近代軍政史のなかのカント」『東洋哲学研究所紀要』27 号，2011 年。
13 神川，前掲「わが国際政治学の生立ちについて」。
14 東京大学百年史編集委員会編『東京大学百年史 部局史 1』東京大学，1986 年，192 頁。春名，前掲「国際政治学の生物学的基礎」。
15 神川，前掲「わが国際政治学の生立ちについて」，同「学問的方法論について」『神川彦松全集 第 7 巻』，9-64 頁。
16 カント，前掲『永遠平和のために』80 頁。同箇所は神川も論文「世界平和主義の考察」前掲『神川彦松全集 第 7 巻』，371-78 頁の中で引用している。
17 神川彦松「国際連盟政策論」『神川彦松全集 第 1 巻』勁草書房，1966 年。
18 芝崎，前掲『近代日本の国際関係認識』第 2 部第 2 章。
19 カント，前掲『永遠平和のために』47 頁。
20 前掲『神川彦松全集 第 7 巻』，443-59 頁。
21 前掲『神川彦松全集 第 7 巻』，528-43 頁。
22 前掲『神川彦松全集 第 7 巻』，575-95 頁。「軍備競争と軍備制限」1918 年，同上所収，「武力的軍備と平和的軍備」1930 年，同上所収，もあわせて参照。
23 前掲『神川彦松全集 第 7 巻』，371-88 頁。
24 前掲『神川彦松全集 第 7 巻』，118-20 頁。
25 『神川彦松全集 第 10 巻』勁草書房，1972 年，167-244 頁。
26 満洲の国際管理については，等松春夫「満洲国際管理論の系譜——リット

ン報告書の背後にあるもの」『国際法外交雑誌』99 巻 6 号，2001 年，同「1932 年未発の満洲「PKF」？――リットン報告書に見られる特別憲兵隊構想」『軍事史学』37 巻 2・3 号，2001 年，小林道彦『政党内閣の崩壊と満州事変』ミネルヴァ書房，2010 年，第 3 章 4 を参照。

27 前掲『神川彦松全集 第 10 巻』，255-80 頁。
28 酒井，前掲『近代日本の国際秩序論』，第 2 章。
29 前掲『神川彦松全集 第 10 巻』，351-64 頁。
30 前掲『神川彦松全集 第 10 巻』，365-78 頁。
31 前掲『神川彦松全集 第 10 巻』，281-94 頁。
32 前掲『神川彦松全集 第 10 巻』，409-17 頁。
33 前掲『神川彦松全集 第 7 巻』，637-54 頁。
34 前掲『神川彦松全集 第 10 巻』，573-601 頁。
35 前掲『神川彦松全集 第 10 巻』，617-44 頁。
36 前掲『神川彦松全集 第 10 巻』，670-83 頁。
37 前掲『神川彦松全集 第 10 巻』，657-69 頁。
38 前掲『神川彦松全集 第 10 巻』，724-32 頁。
39 前掲『神川彦松全集 第 10 巻』，745-69 頁。
40 前掲『神川彦松全集 第 10 巻』，873-909 頁。
41 前掲『神川彦松全集 第 10 巻』，933-58 頁。
42 前掲『神川彦松全集 第 10 巻』，959-69 頁。
43 前掲『神川彦松全集 第 10 巻』，973-1013 頁。
44 前掲『神川彦松全集 第 1 巻』，3-452 頁。
45 前掲『神川彦松全集 第 10 巻』，1156-67 頁。もっとも，神川はアメリカと結んだ行政協定は条約に相当するにもかかわらず，議会にかけずに成立させた吉田茂内閣の手続きが「民主主義の精神」にもとるとして批判的であり，いわゆる「吉田路線」とも一線を画していた。
46 前掲『神川彦松全集 第 10 巻』，1059-68 頁。
47 前掲『神川彦松全集 第 10 巻』，1181-96 頁。
48 前掲『神川彦松全集 第 7 巻』，108-23 頁。
49 坂本義和「中立日本の防衛構想」『世界』1959 年 8 月号，高坂正堯「現実主義者の平和論」『中央公論』1963 年 1 月号。
50 川田侃『国際関係概論』東京大学出版会，1958 年，宮田光雄『平和の思想史的研究』創文社，1978 年など。なお，戦後のカント解釈については，芝崎，前掲『近代日本の国際関係認識』第 3 部第 2 章も参照。

51 西村邦行『国際政治学の誕生——E・H・カーと近代の隘路』昭和堂，2012年，宮下豊『ハンス・J・モーゲンソーの国際政治思想』大学教育出版，2012年。

第2章
日本のE・H・カー
──現実主義からの隔たり

西村 邦行

はじめに

　海外の理論がどう受容されたかという観点から日本の国際政治学が持つ意義を捉えなおす本書において，E・H・カー（Edward Hallett Carr, 1892-1982）がとりあげられるべき人物の一人であることにそれほど異論はないだろう。世界の国際関係論を主導してきた英語圏の学説史においても，カーは長らく，先駆者の一人とされてきた。たしかにこの四半世紀の間には，当の英語圏でも，こうした理解に疑問が投げかけられてきた。理想主義を棄却し現実主義を打ち立てた，そうして国際関係論なる領域を切り拓いたという従来的なカー像は，理想主義の側にも権力を注視する姿勢があったことや，カー自身にも理想主義的な側面があったとの指摘を受けて，いまや大きな見直しを迫られている[1]。しかし，だからといって，ある時期以来，彼が国際関係論の祖という位置を与えられてきた事実それ自体が否定されてしまうわけではない。

　ただ，その上でも，カーの日本での受容を検討するにあたっては，いくつかの留意点をあらかじめ示しておく必要がある。

　まず，どの作品の受容を見るかである。彼は，国際政治学のみならず，文学から歴史学まで，幅広い領域に足跡を残した。日本で最初に彼の名が知られた

のも，おそらくは，戦前に小林秀雄も参照した処女作『ドストエフスキー（*Dostoevsky*）』（1931 年）を通じてであった。あるいは，長大なソビエト・ロシア史（1950 年～1978 年）や『歴史とは何か（*What is History?*）』（1961 年）も，彼の代表作として読まれてきた[2]。これらの著述も国際政治学に無関係ではもちろんない。ただ，議論の拡散を避ける必要と紙幅の都合とから，本章では，より狭い意味での国際政治学に関する，とくに理論的な争点に的を絞りたい。具体的には，『危機の二十年（*The Twenty Years' Crisis*）』（1939 年），『平和の条件（*Conditions of Peace*）』（1942 年），『ナショナリズムの発展（*Nationalism and After*）』（1945 年），『西欧を衝くソ連（*The Soviet Impact on the Western World*）』（1946 年）といった作品が，以下で議論の俎上に載せられる。

　また，何をもってカーの受容と見るかという問題がある。ある研究者の議論が高い知名度を誇るのは，それが当初は論争的であったにしても，徐々に学界の共通理解として定着していった結果であろう。皆が何かしらの理解を有してはいるものの，しかし誰もが明文で論じはしない——そういう状況が，そこには生まれてくる。くわえて，本章が射程に収めている戦後初期などには，論文中で文献を参照する際の作法も今日ほどに厳密ではなかった。したがって，カーを引用してはいなくとも彼を想定していると思しき議論もまた，検討の候補に数え入れることが必要となってくる。こうした事情に鑑みた上で，しかし本章では，彼の氏名ないし著作名が具体的に触れられている史料に対象を限定する。主として方法論上の選択がその理由ではあるが，この意味で可能な限り実証的な歴史叙述こそ，本章の目指すところである。

　関連して，本章が何を明らかにしようとするのかについても断りを入れておきたい。本書の他の章と同様，本章の最終的な目標もまた，日本の国際政治学の特質に迫ることにある。その点をあらためて確認した上で，以下，カーの受容を通じて照らし出そうとしている日本的な特徴とは，日本における形式的な特徴という程度の意味のものである。言い換えるならば，何かしら基底的な日本文化なるものがあって，それに条件づけられる形でカーの受容が展開されたなどという論理は，本章が推し進めようとするところではない。以下で試みているのは，カーに対する日本の研究者たちの向き合い方がどう変化してきたのか（あるいは変化してこなかったのか）を，あくまで具体的な文言を手掛かりと

して，通史的にたどることである。そこに無軌道ではない一定の流れを認める限りにおいて，本章にも文化論的な解釈の側面がないわけではない。あらかじめ述べておけば，カーの道徳観や国際主義的展望に対する関心の強さは，以下で繰り返し触れることとなる。ただ，そうした傾向の前提にあるものが日本の国際政治学の土台を成しているかどうかとか，そのような根源的なものがそもそも存在するか否かといった問いは，本小論が答えうるところではない。

　以上の制約を前提として，各節の議論はおおむね時系列に沿う形で展開される。まずは，最初期の受容に光があてられる。具体的には，戦中から1950年前後までの時期において，カーの諸著作にどのような解釈が投げかけられていったかを明らかにする。ここでは，社会思想史家として捉えられたカーが，現実主義者というよりはむしろ国際主義者として読まれていた様子が浮かび上がってくるであろう。続いて，その後カーの本格的な再評価が始まる前の1980年代までを対象に，彼の議論に相対する日本の研究者たちがどのように「読み」を変化させていったかが検討される。この時期には，一方で，カーという存在が国際政治学の中に定着し，彼を現実主義者とする教科書的な理解が広がっていく。ただ，他方では，彼の議論から距離を置きつつ，彼自身もむしろ国際主義者と見る言説が引き続き現れる。本書全体のテーマに即して言うならば，カーをめぐる「輸入」と「独創」の各側面が，ここに相並び立つ形で認められることとなろう。こうして，戦後まもない時期から今日まで，現実主義というラベルに回収しきれないカーが存在してきた点を確認した後は，その知見が日本の国際政治学ならびに受容研究にどのような示唆を与えているかを整理することで，稿を括りたい。

1. 近代との対決[3]

（1）社会思想史家としての受容

　国際政治の具体的な問題を扱ったものに限って言うと，1930年代末頃にはすでに，カーの受容は翻訳を通じて開始されていた[4]。ただ，難解な思想家の

著作物であればともかく，翻訳という作品の性質上，そこから日本の研究者のカー像を暴き出すことはいささか困難と言わざるをえない。彼の受容を追う議論の始点としてふさわしいのは，それよりも少し後に現れてきたいくつかの書評のほうであろう。

　本章著者が確認しうる限り，カーをめぐる最初の邦語書評は，1943年に矢部貞治が記した『平和の条件』評である。この書評を詳細に検討する余裕は本章にはない。差しあたって，ここでは，矢部が同書の内容を無批判に受け容れていたわけではない点を特筆大書しておこう。たとえば，19世紀自由主義の退潮を描き出すカーに対し，矢部はその筆致を称賛する。しかし，その彼はすぐさま，そうした歴史の流れについて，「筆者のみならず多くの人びとの既に認める所であり……本書の著者を俟って初めて示唆せられる所ではない」と注意を促す[5]。別の箇所で，矢部は，カーが同書の第二部で国際社会の将来展望を語っていることに言及している。その際にも，「英米及びソ連の勝利を予想して為された政策論である故に」，内容の紹介は避けるのである[6]。

　矢部の書評が書かれたのは，戦時下という固有な状況においてのことであった。しかし，これらの言葉は，そうした歴史的文脈ばかりから発せられたものとは思われない。というのは，他の論者が戦後に記した論考でも，矢部といくらか似通った形で同書に対峙する姿勢は認めることができるからである。

　たとえば，1946年に出された『平和の条件』の翻訳は，やはり第二部を除いた抄訳であった。訳者・田中幸利の説明によれば，その理由も矢部と同様で，第二部の内容は特殊イギリス的な事情に依拠しているからということであった。さらに田中は，訳出した第一部の内容についても無批判だったわけではない。「終章に至って将来の新道徳の基礎建設にキリスト教の演ずべき役割が強調されているのを見ては，一種陳套の感に引き戻されるかも知れぬ」との評価は，その点を明瞭に伝えている[7]。

　同じ年，自身の論文で『平和の条件』に触れた田畑茂二郎も，カーから一定の距離をとっている。大国を中心としたブロック化というカーの展望を，「好ましくないことであり，更にそればかりでなく，国際社会の現実の方向を正しく予測したものでもない」と断じている点に，その様子は鮮明と言えよう[8]。

　手放しで称賛することのない姿勢は，カーの他の著作に対する書評にも見ら

れた。一例だけを挙げれば，1949年に『西欧を衝くソ連』を紹介した喜多村浩も，カーの議論を「とくにオリジナルというのではない」としている[9]。

　これらの文言だけを見ても，カーの受容は，横のものを縦に置き換える式の「輸入」として始まったとは言いがたい。しかし，では，彼の議論の何が注目されたのだろうか。

　結論から言えば，西欧知識人による内からの批判という側面がそれであった。矢部の場合は，この点が，「本書の特質は，全体的に見て，在来の英国の地位乃至思想が根本的に崩壊していることを英国人自身が真面目に告白しているところに在る」という言葉で端的に示されている[10]。喜多村もまた，「西欧文明の自己批判という形で西欧社会自体の中から叫ばれている警告」を描き出したことにカーの功績を認めている[11]。喜多村と同じ年にやはり『西欧を衝くソ連』を紹介した都留重人（つるしげと）も，思想史叙述においてカーを評価している。「近代社会において，個人の位置ないしは役割はいかなるものであるべきかという多年の宿題が，ソ連の出現によってあたらしい段階にはいったと見なす著者の論述には大いに傾聴すべきものがある」[12]。

(2) 国際主義者としての受容

　このように，当初のカーは，社会思想史家として受容されていた。国際政治学で現在まで古典とされている『危機の二十年』も，1940年代にはまだ顔を出していなかった。

　同書に関して多少なりともまとまった議論が現れてくるのは，1950年代に入ってからである。そしてそれも，思想史家としてのカー像を前提にしたものであったように思われる。結果として，彼の国際政治論は，ある種の国際主義を展望したものと解されるのである。以下，この点について見ていくこととしたい。

　管見の限り，政治学において『危機の二十年』が初めて触れられたのは，日本政治学会会誌『年報政治学』の初号に印字された座談会の記録においてである。戦前の反省を踏まえつつ，新たな政治学の展望が話し合われたこの会において，新興領域の国際政治学もまた，その行く末が検討に付された。ここで指導的な役割を果たしたのは重鎮の蠟山政道であったが，その彼が，この分野を

切り拓きつつある「代表的な著作は，E・H・カーの書物じゃないか」と述べて，『危機の二十年』に触れているのである[13]。

その際，蠟山にしても他の参加者にしても，カーについて詳しい議論を提示したわけではない。ただ，それでも，そこでのカーの触れられ方には，以上で検討してきた文脈からして見過ごしがたいものが含まれている。というのも，カーが開拓しつつあるという国際政治学の将来には，次のような学知のあり方が見据えられているからである。蠟山は言う。「権力のユニットとしてのインターナショナル・ガバンメントの形成ということがやはり［国際政治学の―引用者注］中心概念じゃないか。政治学の構造的な面をガバンメントにおけば，インターンナショナル・ガバンメントの問題もそこに結びついて来る。あるいは発展していくと思う。そうすれば国内政治学も国際政治学に発展して行くということが言えるのじゃないか」[14]。

今日の標準的な教科書記述において，カーは通常，主権国民国家体制の無政府性を前提とする現実主義の論客に数えられる[15]。しかし，ここで国内政治学と国際政治学の漸次的な融合を示唆する蠟山は，その無政府性が最終的には克服されていくかのような視座を，カーの延長線上に見ている。西欧近代を内から批判した『平和の条件』や『西欧を衝くソ連』のカーは，『危機の二十年』においてもまた，近代主権国家体制をいかに乗り越えるかという問題との絡みでその姿を現していたのである。

『危機の二十年』が近代西欧批判の思想史書として読まれた痕跡は，同時期の他のいくつかの文献にも見てとることができる。たとえば，1952年に出された同書の翻訳は，『年報政治学』の文献紹介欄に掲載された際，「政治思想」に分類されていた[16]。その翻訳を手掛けた井上茂にしても，専門は法哲学であった。そして，その井上が訳書に記したあとがきには，蠟山に呼応するかのようなカー理解が示されている。「カー教授は……一般に国際秩序の単位としてみとめられている国家(ネイション)の世界秩序に対する貢献に疑問を持つ。むしろ，それぞれ特殊な社会的経済的目的のために設けられた，国際的な機能をいとなむ諸機関の成長の中に，将来における国際組織のより希望ある形態をみているのである」[17]。

『危機の二十年』について，邦語でおそらく最初の書評論文を記していた川

端末人(まつんど)も、これと共鳴するところのある視座をカーの内に認めていた。カーに仮託された自身の見解としてではあるが、その論文の結論部において、彼は次のように述べていたのである。「国際社会においては国家の政治権力は国家社会の構成の仕組と異ったニュアンスを持ち、たま(ママ)異った機能をもっているにも拘らず、国際政治を生ぜしめた歴史的および社会的諸条件は国家社会のアナロジーとして、否、単なるアナロジーでなく近代国家の政治権力における構造的変革が、既にその国際社会への構成条件となることを明らかに示しているのである」[18]。1950年代前半を通じて、『危機の二十年』に関する書評・紹介は他にもいくつか記されることとなるが、それらもある程度まではこうした見解を含んだものとなるであろう[19]。

本章冒頭でも触れたように、理想主義を退けた現実主義者というカー像は、近年、異議が申し立てられる対象となってきた。一方、以上のような戦後日本の議論において、カーはそもそも、この二項対立的な図式の中で——それがいくらかは彼自身が創り出したものであるにもかかわらず——議論されてはいなかった。

では、日本においてもその後、より単純化されたカーが出現したのだろうか。そのようなカーがいたとすれば、彼はいつ、どのようにして現れてきたのであろうか。この問題を検討するために、次節では、続く1950年代以降の受容を見ていくこととしたい。

2. 理想主義と現実主義の狭間で

(1) 形骸化するカー

1950年代は、カーの著書がいっせいに翻訳されていった時期であった。既述のとおり、『危機の二十年』は1952年に出た。先立つ1950年には、喜多村が『西欧を衝くソ連』を翻訳している[20]。『平和の条件』も、1954年に完訳が現れる[21]。他の著作も、多くがこの時期に翻訳されている[22]。『新しい社会』や『革命の研究』の邦訳にいたっては、原書の出版からわずか2年後のことで

あった[23]。日本の知識人たちがカーに高い関心を有していた様子を，ここにうかがうことができる。

　しかし，そうしていわば教養の一部となったカーは，積極的に読み解かれる対象ではなくなっていく。本章の「はじめに」で触れた知の普及にまつわる逆説が，この時期，彼についても現れてくることとなるのである。

　『国際政治』第9号に掲載された1959年の諸論文は，いくらか象徴的にこの点を示している。日本国際政治学会も創設されてまもないこの時期，会誌の『国際政治』では，冷戦下の現実を見据えた外交・安全保障に関する特集が多く組まれている。すでに設立されていた日本政治学会とも，戦前からあった国際法学会とも異なる存在ながら，同時に両者のいずれとも隣接する学術組織として，国際政治学会が傾注すべきはこれら同時代的な問題群である——そのようなメッセージがそこには垣間見える。そうした草創期の国際政治学において，「国際政治学の体系」をテーマとした第9号は，この新しい学知の思考基盤が問われた最初の機会であった。それだけに，ここに現れた主要理論（家）に対する理解は，当時の研究者らにとって一定の権威性を帯びて共有される面があったようにも思われる。

　かく特徴的なまさにその場において，カーに関する理解は形式的なものに堕しつつあった。「米英国際政治学体系への一批判」と題された芳川俊憲の巻頭論文において，カーに与えられているのは，現実主義の開拓者という今日よく知られたあの学説史上の位置づけである。英語圏の国際政治学がどう発展してきたかをたどる芳川は，ウェールズ大学に生まれたA・ジンマーンらの学知にその始点を求める。そして，そのジンマーンらの議論は，カーの言葉を借りる形で理想主義的とされる。「第一次大戦後における国際連盟に対する人々の大きな期待，知らぬ間に戦争にまきこまれた大衆が自己の運命に関係の深い外交の秘密におこなわれようとするのを防止しようとする希望，などはカー（Edward Hallett Carr）もいうように，そのアプローチをユートピア的にするのである」。対して，第二次大戦と前後する時期，権力の要素を軸とした体系化の動きをもたらしたのが，カーやH・J・モーゲンソー，F・シューマンらであったと，芳川の筆は進められていく[24]。

　続く論考では，そのシューマンの書を後に訳す長井信一が，同じシューマン

について書いている。ここにおいても，カーはやはり，図式化された学説史叙述の中に据えられている。アメリカの文脈から国際政治学の発展を論じる長井もまた，J・ショットウェルからシューマンへ，ユートピアニズム（理想主義）からリアリズム（現実主義）へという歴史観を示すのであるが，その際彼は，イギリスに関してカーが述べたことがアメリカについても妥当するとしているのである[25]。

『国際政治』の第10号にも，カーを現実主義の定立者と位置づける論文がある。そこで扱われているのは，第9号の諸稿におけるような抽象的な理論体系ではなく，集団的安全保障という，より具体的な論点であった。ただ，そこでこの個別的な問題は，論文副題にあるように，「ユートピア性と現実性」という観点から語られている。そして，まさにこの図式との関連で，カーが持ち出されているのである。「国際連盟の集団的安全保障とその崩壊の物語は，一つのユートピアとその崩壊の物語であると言えよう。E・H・カーは第二次世界大戦の破局に先立つ二〇年の危機の特徴を，『前半一〇年の夢のような希望から，後半一〇年のむごい絶望へ，現実をほとんど考慮しないユートピアから，ユートピアのあらゆる要素を強く排斥する現実へ，急激に下降していったこと』と述べているが，この言葉は確かに的を射ている」[26]。この一連の文言を記したのは，続く10年の防衛論争において現実主義者と名指しされる高坂正堯であった[27]。

(2) 形骸化＝「輸入」？

1950年代の末までには，カーという名が国際政治学者の常識と化しつつあった。それだけに，彼の述べていたことも，単純化された理解に落ち着き始めていた[28]。

現実主義と理想主義という図式がカー以外の論者に当てはめられ始めていたことからも，この点は確認することができる。たとえば，深谷満雄の1960年の書評において，J・ハーツは，「カー（E. H. Carr）と同じくリアリズムとユートピアニズムとの総合を企てる者として，一部の人の注目を惹いた」とされていた[29]。この二項対立的な構図にしても，カーの独創とばかりは捉えられていなかった。同じ1960年，「長く外交の理論と実際を支配して来た」「マキアベ

リの現実主義とグローチウスの理想主義との並存対立」を通奏低音とする内山正熊の教科書的著作において，この図式の出典として引用されていたのは，R・B・モワやP・ラインシュといった他の著名な論者たちであった[30]。

現実主義と理想主義という引照枠組みが一定の普及を見る中で，同じ図式を持ち出したとして触れられることが多くなっていたカーは，何人かのよく知られた論者の一人へと追いやられつつあった[31]。カーはいわば，便利な古典とでも言うべき存在になりつつあったのである。かつて『平和の条件』に認められていた彼の思想史家としての側面は，ここにおいて，かなりの程度まで閑却されていたように思われる。

ただ，個別の理論家に対する理解が細やかな形で問題にならなくなったことは，日本の国際政治学が経験的な問題を扱う領域として発展していく上で，むしろ健全な事態であったと言いうるかもしれない。海外の理論家が述べた事柄の一言一句を問う形で議論が進められていたとすれば，そこで起こっていたことこそはまさに，「輸入」以外の何ものでもなかったであろう。その意味で，この時期に進みつつあったカー理解の形式化は，やや逆説的ながら，内容面において「輸入」の要素を含みつつも，意図の面からすれば「輸入」ならざる一面を備えていたのではないだろうか。

カーが明文で触れられている史料に限って歴史を再構成しようという本章の方法に鑑みた場合，この点は特段の注意を要する。というのも，ここまで触れてきた1950年代以降の論者たちにしても，各自の内面においては，カーに関してより複雑な理解を有していた可能性が考えられるからである。以上で明らかにしえたのは，芳川，長井，高坂らにおいて，理想主義から現実主義へという歴史叙述がカーと結びついていたことだけである。そのカー本人が理想主義と現実主義との間でどのような理論的視座を築き上げていたかに関する彼らの認識は，具体的文言からは十分にうかがうことができない。カーが形式的にしか言及されなくなっていったとして，しかしそのカーに関する理解が質的に変容していたのかどうかは，目下の議論ではいまだ問題にしえていないのである[32]。

その上で，カーを現実主義者と呼ぶところまでの単純化は，日本の場合には必ずしも広く行われることがなかったのではないかと思われる。カーが「統合

第 2 章　日本の E・H・カー

を企てる者」としてハーツと同類であったという深谷の表現にも，その点はほのめかされていよう。同じ 1950 年代後半に研究者の道へ入り，以上で触れてきた諸論稿から国際政治学の基礎を培い始めたであろう人物へと目を向ければ，この見方にはよりいっそうの妥当性を与えることができるかもしれない。そうした人物の一人として，1936 年生まれの中嶋嶺雄がいるが，彼が 1992 年に記した国際関係論の教科書には次のような言葉が認められる。「カーは，国際政治におけるユートピア的なもしくは理想的な側面である『道義』と，リアリティもしくは制度的な側面である『権力』とを峻別したうえで，この二つの異なった要素を統一的に把握するための視座を求めていたのだといえよう」[33]。カーがどの程度まで「輸入」された存在であったのかをさらに掘り下げて考えるべく，続く二つの項では，1950 年代半ばから 1980 年代までを対象として，カー理解の連続性を検討していくこととしたい。

(3) 単純化を拒むカー

　1950 年代末頃の議論は，ここまでですでに扱ってきたところではある。ただ，それに先立つ 1950 年代半ばにも，カーについて書かれたものはいくつか存在していた。その一つ特徴的なものとして，多くの政治学者が手にとったであろう『政治学事典』(1954 年) を挙げることができる。同事典の項目「カー」で，彼は，「従来排除されていた'権力'の要素を重視し，'リアリスト・ユートピア的総合'を企図した」とされている[34]。ここでのカーの立ち位置は，多分に図式的ではあるけれども，いわゆる現実主義者に還元されてはいないという点で，受容初期におけるそれと整合するものも含んでいる。

　そもそもこの時期でも，現実主義と理想主義とは，二項対立的な関係で捉えられてなどいなかった。引き続き『政治学事典』を例に見ていくと，まず，同書においては，「現実主義」や「理想主義」といった項目自体が立てられていない。両者はむしろ，緊張を帯びて交え合わせられながら論じられるべきものであった。たとえば，「現実主義」といくらか交換可能な「権力政治」には，次のように記されている。「権力政治の立場にたつ見解も，政治における倫理的側面を全面的に否定するものではない。カーもいうように，権力的追求はよりたかい倫理的，価値的目的にささえられねばならない」[35]。いま一つの関連

項目と言える「レーゾン・デタ」にも，示唆的な記述がある。「本来レーゾン・デタの観念は倫理を国家権力に内在化させようとするところに特色をもつ」[36]。この項の執筆者が後に理想主義陣営に組み入れられる坂本義和であることは，それ自体，興味深い事実と言えよう。

では，この事典の出版から数年の間に，こうした概念理解が大きく変容したとでもいうのであろうか。むしろこの事典での理解が普及したというのであればともかく，それはやはり考えがたい。第一，同じ時期，カーについて語った論者の陣容も，1950年代初頭と連続していた。本章第一節で触れた人々も，依然として，カーに関する見解を披露し続けていたのである。

たとえば，『危機の二十年』の訳者・井上は，1956年の論文でこう述べている。「戦争に終止符を打ち，恒久平和を確立しようという意欲のみでは十分でない。すでにE・H・カーは『安全保障とか平和とかを，政策の目標とすることは正しくない……人間社会の秩序ある進歩的な発展の諸条件をつくり出すことができるなら，平和と安全とはそれにともなうであろう』と云っている。重要なことは，めざす目的のための手段に関して，共通意志がなければならないということである」[37]。ここに描き出されているカーはやはり，近代主権国家体制下の権力政治に屈従するのではない国際道徳の理論家としてのカーであろう。

あるいは，『危機の二十年』の最初の書評を記した川端も，次のように論じている。「カーは，いわゆるユートピアニズムの思想的，実際的剔抉に急なあまり，国際政治における政治権力の必然性，そしてそこにおける権力と倫理の緊張関係の収斂という課題を遂に深く解明することなく，権力政治と国際道徳という二元論的思惟を最後まで揚棄することがなかったといわねばならない」[38]。ここでは，カーから距離をとる形で彼の二分法が批判的に捉えられている。

前節で触れた芳川なども，カーの図式には若干の異論を示していた。芳川は，上述のとおり，カーに依拠して戦間期イギリスの論客を理想主義的と呼んでいたが，同じ論文の別の箇所では，次のような注記も差し挟んでいたのである。「国際政治学はむしろその生成の最初から，国際連盟とか英米両国の現状維持主義的外交政策に即して考えられていた点において現実的であり，むしろ俗世

的であった」[39]。

　前節ではあえて言及しなかった事実にも，ここで触れるべきであろう。実は，芳川の論文が掲載されたのと同じ『国際政治』第9号には，カーについて論じた一稿が含まれている。そして，松村清二郎の手になるその議論においては，カーの理想主義批判に対する疑義がよりいっそう明瞭な形で提示されているのである。

　まず松村は，ラインシュのような戦前の学者を引き合いに，第一次大戦の反省から国際政治学が生まれたという点からして，留保を付けてかかる[40]。続けて，理想主義から現実主義へという見方にも，L・ウルフの国際連盟論などを空理空論とは言いがたいとし，同様の疑義を呈する。「第二次世界大戦以前の段階においては，ユートピアニズムがリアリズムによってリリーフされたというのは一義的見解であり，むしろ，両者が並立的・混交的に存在していたと言うことが出来るのではなかろうか。……彼の論述の曖昧性，即ち，どれがユートピア的であり，どの著述がリアリズムであるかをはっきり明示していないことにも鑑みて，むしろそうした基礎的前提は，彼の論理を導き出すための一つの便法ではなかったのだろうか」[41]。こうして二分法的な理解を警戒する松村は，カーを現実主義者と呼ぶことにも慎重である。カーとモーゲンソーとを対比するその仕方において，この点はとりわけ鮮やかに見てとることができよう。「［国際政治学の理論化・体系化にあたっては―引用者注］自由意志と決定論とのディレンマを逃れることが出来ず，いつかはリアリズムの武器に屈するユートピアを，それでもなお樹立する必要のあることを説くE・H・カーの立場をとるか，或いは前述せる如きH・J・モルゲンソー［モーゲンソー―引用者注］の態度に従うか，それとも，まったく別個の見解をとるか，種々様々な接近方法が存在するであろう」[42]。

(4) 受け継がれるカー像

　1950年代半ば以降も，カーは無批判に「輸入」されていたわけではない。戦中から戦後に見られたカー理解の系譜も，途絶えていたわけではなかった。カーを手掛かりに国際道義のあり方を検討していこうとする面において，この時期の論者たちにはむしろ，先行する世代との連続性が認められる。一方では，

カーも道徳的な要素を重視していたことが指摘されている。他方では，カーにおける理想主義批判の過剰が剔抉(てっけつ)されている。そのように対照的な形においてではあるが，結論として国際社会を基礎づける道徳の重要性に目を向ける点で，以上の論者たちは共鳴し合っているのである。国際社会は権力政治の場に過ぎないと諦観するのではなく，闘争的な状況を超えていくべく道徳にも目を向けるという意味での国際主義的な志向は，この時期においても，カーの内に認められていた。

その後，1960年代以降へと下っても，カーを手掛かりとして国際社会における道徳の位置づけを考える論考は複数にわたって見出すことができる。たとえば，古川氏幸(うじゆき)は，「国際主義に対しても，彼はリアリストからの批判としてリアリストはこれを拒否していると述べているが，私はむしろカー自身リアリストの中に自己を投じて国際主義批判の理論を主観的に観察し過ぎているとみなすものである」とする。その上で，彼は，『平和の条件』へと目を向けた場合，カーもまた国際主義的な展望を有していたと指摘している[43]。

今日における『危機の二十年』最新訳の訳者である原彬久(よしひさ)もまた，1960年代の末葉，カーの両義性に注目していた。原の見るところ，一方において，「カーがいわゆる権力状況なるものを国際政治の底流において捉えようとしていることは，彼が窮極的には権力の必然性を信ずるリアリストであることを示している」。しかし，他方においては，「カーが国際政治における権力の必然性を説くとき，つねに道義という対概念がその背後におかれている」[44]。ここから，問題の解決よりは発見こそをカーの貢献と見る原において，関心の中心にあったのは，権力と道義の緊張関係であった[45]。

それから10年以上後の世界にも，比較可能な程度に似通った傾向を持つ議論は，なお探りあてることができる。1980年代初頭の教科書的な著作において，平野健一郎は，カーの権力論を手掛かりに次のような結論を導き出している。「根底には国際的に共通の理念が存在しており，それは国家的な利害関係を超えた価値の次元に属しているものであるといわなければならない。結局，力としての道義，意見を支配する力が有効たりうるのも，そうした共通理念，すなわち，国際道義というべきものが存在しているからこそであろう。こうしてカーは力としての道義の考察から出発して，普遍的な道義の存在を認める地

点に達したのである」[46]。

　カーという名が定着した後でも，彼を現実主義者と単純化する見方は，なんらの躊躇もなく唱え立てられるものではなかった。それどころか，国際社会の道徳的な改良可能性をカーに見る視座もなお，複数の論者によって維持されていた。最初期の受容者らに認められたあの国際主義的な展望はカーの言説が定着していった時期にも失われていなかったことが，ここにあらためて確認されるのである[47]。

おわりに

　以上，カーの国際関係理論が日本においてどのように受容されてきたのか，彼に直接言及した史料を手掛かりに追ってきた。戦中から戦後初期，まず読まれたのは，今日古典とされている『危機の二十年』ではなかった。それ以上に，その続編にあたる『平和の条件』であり，あるいはよりマイナーな『西欧を衝くソ連』であった。これらの著作の読解において基盤を成していたのは，西欧近代の政治的・文化的な諸制度が行き詰まりを見せているという，一つの思想史的な危機意識であった。後に『危機の二十年』が読まれるようになった際，同書で展開されている国際政治論もまた，この問題認識のもとでひもとかれていった。

　カーの著作が次々と翻訳され，彼の名が人口に膾炙（かいしゃ）した1950年代の半ば以降，こうしたカー理解は少しずつ後退していった。彼の理論的な立場にしても，理想主義から現実主義へという図式的な学説史観に解消されていくこととなる。ただ，こうした動向も，全面化したわけではなかった。他方では，カーの道徳論に対する関心も表明され続けた。そこでは，彼の国際主義的な展望に対しても，やはり目が向けられていたのである。

　日本のカー受容には，たしかに「輸入」の面も存在していた。ただ，それは必ずしも，文化的・地理的な文脈を閑却した無条件な取り込みという類のものではなかった。むしろ対象から一定の距離をとるという健全さこそが，日本のカー受容が蔵（ぞう）してきた特徴の一つであったように思われる[48]。

この点，戦後日本の国際政治学を言い表す上で，「輸入」という語はあまりふさわしいものではないかもしれない。ただ，だからといって，「独創」もまた，やみくもに強調されていいわけではあるまい。

　たしかに英語圏において，カーに関する理解のあり方は，日本におけるそれよりも図式的であることが多かったように思われる。1990年代より前の時点において，彼の内にある思想史的な問題意識へと着目していたのは，ほとんどモーゲンソーくらいであった[49]。1946年に『危機の二十年』を評したM・ワイトですら，同書がウルフの議論と突き合わせて批判的に読まれるべきものであることを説く中では，いわゆる理想主義批判の過剰こそを，カーの議論について問われるべき争点であると見ていた[50]。戦後日本におけるカー解釈のあり方は，やはり英米のそれとはいささか異なるものであったと言うべきであろう。

　その意味では，日本の受容には，今日における彼の再評価を先取りする面もあった。ただ，その背後にも，イデオロギー的な偏りは潜んでいたかもしれない。近年の英米における古典的現実主義の見直しは，一方において，歴史的な文脈をより慎重に加味した形で過去の理論が持つ射程と意義を査定しようとしている。他方，その結果として掘り起こされたカーらの道徳論には，新保守主義などに代替する視座として，特定の価値前提から評価されてきた面もある[51]。こうした今日の状況との類比から言えば，日本で受容されたカーにしても，特殊な問題意識を仮託された存在であった可能性が想像されてよい。カーを基本的には現実主義者と名指し，平和的変更（peaceful change）論に代表されるその漸進主義的な要素を等閑視してきた（英）米の解釈が現状維持的な志向を帯びたものであったとすれば，日本の受容者らが彼の国際主義的な展望に目を向けてきた背景には，いまあるのとは異なった秩序への敗戦国特有の憧憬が控えていたのかもしれない。

　日本のカー受容のこうした側面に対し，どのような価値判断を下すべきかは，本章の課題ではない。冒頭にも触れたとおり，そうした基底的な意識のあり方ないしその存否を剔抉することは，本章の射程を超える。以上の仮説的な推論が実際に妥当か否かを査定する上では，他の国や地域におけるカーの受容のあり方も検討していく必要があろう。そうした作業を経てみれば，本章で見てきたカー受容の特徴も日本的と言うべきものではなく，むしろ英米での読解が特

第 2 章　日本の E・H・カー

殊であるに過ぎないと判明するかもしれない。

　この点において，本章の成果は限られたものである．しかし，この限界は，本章および受容研究一般の潜在的な射程を示唆してもいる．ともすれば「非西洋的」と概括されがちな種々の国・地域の国際関係論を比較する上で，特定の理論（家）に焦点を当てる受容研究の方法は，基準となる軸を一つ提供しうるようにも思われるのである．この可能性を指摘して，本章の結論に代えることとしたい．

注
1 　Brian C. Schmidt, ed., *International Relations and the First Great Debate*, Routledge, 2012.
2 　たとえば，庄野新・田中陽兒・下斗米伸夫・横手慎二・岩田賢司「E・H・カーの著作をめぐって」『ロシア史研究』30 号，1979 年．
3 　本節のより詳しい内容については，拙稿「日本の国際政治学形成における理論の〈輸入〉—— E・H・カーの初期の受容から」『国際政治』175 号，2014 年．
4 　訳者不詳「世界革命の幽霊——コミンテルンの落日」『月刊ロシア』4 月号，1938 年．原田禎正訳『イギリス最近の外交政策』生活社，1941 年．前者の存在については，角田和広氏からご教示いただいた．なお，題名の一部を現代表記に改めた．本章全体を通じて，引用の際には適宜，同様の修正を施している．
5 　矢部貞治「カー『平和の条件』」『国家学会雑誌』57 巻，1943 年，265 頁．
6 　同，262 頁．
7 　田中幸利訳『平和の条件』研進社，1946 年，2 頁．
8 　田畑茂二郎「国際政治の再開と日本」『潮流』2 巻，1946 年，21 頁．また，田畑茂二郎「国際社会における国家主権」『思想』364 号，1954 年，1183 頁．
9 　喜多村浩「エドワード・H・カー著 西欧社会に対するソヴェートの影響」『ソヴェートと西欧及び極東』東洋経済新報社，1949 年，3-4 頁．
10 　矢部，前掲論文，254 頁．また，矢部貞治『新秩序の研究』弘文堂書房，1945 年，6 頁および 112 頁．
11 　喜多村，前掲論文，7 頁．
12 　都留重人「E・H・カー『ソ連と西洋』」『世界評論』4 巻，1949 年，51 頁．

13 蠟山政道・中村哲・堀豊彦・辻清明・岡義武・丸山眞男「日本における政治学の過去と将来」『日本政治学会 年報政治学』1号，1950年，72頁。
14 同，74頁。
15 日本における最近の教科書から例を引くなら，中西寛・石田淳・田所昌幸『国際政治学』有斐閣，2013年，21頁。
16 中村菊男「日本政治学会の展望（1952年）」『年報政治学』4号，1953年，198頁。
17 井上茂訳『危機の二十年——国際関係研究序説』岩波書店，1952年，318-19頁。
18 川端末人「国際政治の構造と変革——E・H・カーの国際政治学の紹介」『同志社法学』9号，1951年，121頁。
19 音田正巳「エドワード・ハリット・カー——その思想と著作」『出版ニュース』237号，1953年，神谷不二「E・H・カー——異色ある国際政治学」『改造』34巻，1953年，喜多村浩「E・H・カーの思想——とくに政治の視角を中心として」『あるびよん』22号，1954年，関嘉彦「エドワード・カー」『理想』253号，1954年。
20 喜多村浩訳『西欧を衝くソ連』社会思想研究会出版部，1950年。
21 高橋甫訳『平和の条件——安全保障問題の理論と実際』建民社，1954年。
22 中橋一夫・松村達雄訳『ドストエフスキー』社会思想研究会出版部，1952年，大窪愿二訳『ナショナリズムの発展』みすず書房，1952年，酒井只男訳『浪漫的亡命者たち』筑摩書房，1953年，石上良平訳『カール・マルクス』未來社，1956年，衛藤瀋吉・斉藤孝訳『両大戦間における国際関係史』弘文堂，1959年。
23 音田正巳訳『革命の研究』社会思想研究会出版部，1952年，清水幾太郎訳『新しい社会』岩波新書，1953年。
24 芳川俊憲「米英国際政治学体系への一批判——国際政治におけるパワーの意義」『国際政治』9号，1959年，2頁。
25 長井信一「アメリカ国際政治学の方法論的系譜——シューマンを中心として」『国際政治』9号，1959年。
26 高坂正堯「国際連盟と集団的安全保障——そのユートピア性と現実性」『国際政治』10号，1959年，17頁。
27 その後の高坂の書いたものでも，カーが持ち出される際には，この二項対立図式に関連づけられることが多かったように思われる。たとえば，やはりその題に現実主義の語を含めた1971年の論文においても，「現実主義と理想

主義の具体的対立点についての記述としては，E・H・カー『危機の二十年』井上茂訳（岩波現代叢書）第二章が秀れている」としている。高坂正堯「現実主義の国際政治観」関西外交史研究会編『現代外交の理論と歴史』有信堂，1971年，5頁注2。

28 近い時期のものでは，次も参照。神川正彦「国際政治の変貌と人間観の転換」『国際政治』20号，1962年，32頁，潮田江次・堀豊彦・円藤真一・渡辺一・横越英一・内山正熊・脇圭平・清水慶三・坂野正高・神川信彦「日本における政治学研究の現況」『年報政治学』13号，1962年，118-19頁。

29 深谷満雄「ハーツ『原子力時代における国際政治』」『国際政治』12号，1960年，136頁。

30 内山正熊『外交と国際政治——理論と歴史』慶応義塾大学法学研究会，1960年，5頁。

31 関連する史料としては，次も参照。神川彦松「戦争のリアリティーと平和のユートピア——戦争と平和の研究序説」『国際政治』1号，1957年，伊手健一「国際政治学における中心概念に就ての一考案——国際政治学に於るユートピアニズム及リアリズムの思想的系譜と其の役割」『政経論叢』7巻，1958年。

32 先述の箇所では，現実主義者の高坂がカーを現実主義者と捉えていたかのような描き方をしたが，いま本文中に述べたことからしても，はたして——あるいは，どのような意味で——高坂を現実主義者と呼ぶべきかは，それ自体が検討を要する問題である。ただ，この点について，カーの受容という視角のみから論ずることはできない。さしあたって，次を参照。酒井哲哉「戦後の思想空間と国際政治論」酒井編『日本の外交 第3巻——外交思想』岩波書店，2013年。

33 中嶋嶺雄『国際関係論——同時代史への羅針盤』中公新書，1992年，44頁。

34 著者不詳「カー」政治学事典編集部編『政治学事典』平凡社，1954年，127頁。

35 著者不詳「権力政治」前掲『政治学事典』，376頁。

36 坂本義和「レーゾン・デタ」前掲『政治学事典』，1391頁。

37 井上茂「小国存立の条件——国際社会の法的構成過程の考察・序説」『法哲学年報』1955・1956年，201頁。

38 川端末人「国際政治学の内面的構成に関する研究序説——Morgenthau批判を通して」『大阪学芸大学紀要A人文科学』7号，1959年，159頁。また，川端末人『政治の基礎理論』法律文化社，1962年，136頁。

39　芳川，前掲論文，8頁注16。
40　松村清二郎「国際政治学の理論構成を繞る若干の問題——E・H・カーを中心として」『国際政治』9号，1959年，34頁。
41　同，36頁。
42　同，39頁。
43　古川氏幸『世界社会の形成』法律文化社，1960年，85頁，89-90頁。
44　原彬久「国際政治における権力の論理——E・H・カーの理論をめぐって」『国際商科大学論叢』3号，1969年，32頁および39頁。
45　原が同時期に記した論文では，カーの「統合」が必ずしも成功していない点への批判も認められる。原彬久「国際政治学の生成基盤——E・H・カーにおけるユートピアニズムとリアリズムの諸問題」『国際商科大学論叢』2号，1968年，73頁。
46　衛藤瀋吉・渡辺昭夫・公文俊平・平野健一郎『国際関係論』東京大学出版会，1982年，134-35頁。他方，同じ平野が原案を作り全共著者で添削を行ったとされる参考文献一覧では，『危機の二十年』は「モーゲンソーの著書と並ぶ現実主義的国際政治学の代表作」とされている。同，324頁。
47　この点と関連するところでは，『ナショナリズムの発展』が比較的広範に読まれてきたことにも注意が喚起されてよい。『ナショナリズムとその後（*Nationalism and After*）』という原題にも現れているように，同書は，将来における主権国民国家体系の解体を視野に入れた思想史書だからである。早いところでは，上にも触れた1956年の論文において，井上が同書に触れている（井上，前掲「小国存立の条件」，169頁）。その後も，『国際政治』誌上に掲載された論文において，複数の論者がこの書に言及することとなる。それらが概して，国民国家体系超克の一形態である欧州統合や，大国間権力政治を相対化しようとする小国論を扱ったものである点は，とくに興味深い（田中勇「欧州の政治的統合」『国際政治』27号，1964年，32-33頁，百瀬宏「国際政治における大国と小国——その問題史的考察」『国際政治』25号，1964年，55頁。より後の時期では，衛藤ほか，前掲『国際関係論』，39-40頁）。ただし，彼らの『ナショナリズムの発展』への言及は多分に教科書的であって，そこに日本のカー理解の特徴を読み込もうとするのは拙速に過ぎるかもしれない。この点について詳細に検討するためには，関連するいくつかの文脈について検討が不可欠であろう。ナショナリズム論の系譜一つをとっても，H・コーンのように戦前から読まれていた論者とカーの附置関係などは，とくに明らかにされる必要があると考えられる。

48 とりわけ最初期の受容者たちは，こうした姿勢をとることに自覚的であったと思われる。たとえば，日本のヴェーバー研究は，その詳細さにおいて毀誉褒貶のある独自の発展を遂げてきたことで知られるが，『新しい社会』や『歴史とは何か』の訳者としてカーの受容者でもあった清水幾太郎は，早くも 1970 年代，日本におけるヴェーバーの神格化を批判していた。『世界の名著 50 ウェーバー』中央公論社，1975 年，月報。
49 この点については，さしあたって，拙著『国際政治学の誕生―― E・H・カーと近代の隘路』昭和堂，2012 年，第一章および結論。
50 Martin Wight, "The Realist's Utopia," *The Observer*, 21 July, 1946. 英語圏でのカーに関する議論が，近年の再評価まで含めて現実主義と理想主義という論点に限定されてきたとの指摘は，やや強調し過ぎのきらいもあるが，Jeremy Weiss, "E. H. Carr, Norman Angell, and Reassessing the Realist-Utopian Debate," *The International History Review*, Vol. 35, 2013, p. 1158 も参照。また，戦後の英語圏の国際関係論においては，カーのナショナリズム論が言及される機会もほとんどなかったであろう。英米における 1990 年代以降のカー再評価の中で，『ナショナリズムの発展』が新鮮味を持って読みなおされていることは，間接的ながらこの点を証し立てている。そうした再評価の嚆矢として，Andrew Linklater, "The Transformation of Political Community: E. H. Carr, Critical Theory and International Relations," *Review of International Studies*, Vol. 23, 1997.
51 Nicolas Guilhot, "Introduction: One Discipline, Many Histories," in Guilhot, ed., *The Invention of International Relations Theory: Realism, the Rockfeller Foundation, and the 1954 Conference on Theory*, Columbia University Press, 2011, pp. 5-7.

第3章
日本における「モーゲンソーとの対話」
——もう一つの高坂・坂本論争

大矢根 聡

はじめに

　「戦後派の国際政治研究者に属する者にとって，モーゲンソーら『現実主義派』の知的影響がこの時期に大きかった」[1]。細谷千博が，1950〜60年代の日本の国際政治研究について述懐した言葉である。細谷自身は外交史家であるが，最初の著書『シベリア出兵の史的研究』を執筆した際，E・H・カーやH・J・モーゲンソーの理論を念頭に置いていたという[2]。細谷に限らず，モーゲンソーの研究は，理論研究者の枠を超えて，日本の歴史・地域研究者に広く影響を及ぼした。

　もちろん，モーゲンソー理論の影響は，本国のアメリカにおいても比類がないほどであった。その理論は高く評価され，同時に，多くの批判と誤解を巻き起こした。そして多くの研究者が，それぞれの立場で「モーゲンソーとの対話」に臨んだのである[3]。この「モーゲンソーとの対話」なくしては，古典的リアリズム（現実主義）が浸透しなかっただけでなく[4]，それを批判した行動科学や相互依存論も浮上しなかったはずである。古典的リアリズムの革新を図ったネオリアリズム（新現実主義）も，またコンストラクティヴィズム（構成主義）に基づく古典的リアリズムの再評価も，実現しなかったに違いない。

「モーゲンソーとの対話」は，日本でも試みられたのだろうか。それは，対話という語がふさわしいほど，モーゲンソー理論に正面から対峙し，さらには超克を摸索するものだったのだろうか。あるいは，日本の国際政治学についてたびたび指摘されるように，「輸入学問」に終始し，「直輸入に急」なありさまだったのだろうか[5]。

それを検討するために，以下では，第一にモーゲンソーの国際政治理論の特徴を，あらためて確認する。第二に，そのモーゲンソー理論が，どのようなルートを通じて日本に導入されたのかを概観する。第三に，その際に日本の研究者がどのような反応を示したのか，洗い出してみる。さらに第四には，「モーゲンソーとの対話」の一つの典型例として，坂本義和と高坂正堯の試みを再検討したい。両者の「論争」は，総合雑誌を舞台として，主に日米安全保障条約をめぐる政策論として展開した。その際に坂本と高坂が，意外なほど多くモーゲンソーを引用したことを忘れてはならない。それだけではなく，両者はモーゲンソーの提起した理論的課題に取り組み，独自の解答を摸索した形跡がある。そこに着目するなら，両者の論争を日本流の「現実主義・理想主義論争」とみなすのは，必ずしも適切ではない。むしろ，日本におけるリアリズムのあり方を追求した「リアリズム内論争」であった。

1. モーゲンソーの国際政治理論

モーゲンソー（Hans J. Morgenthau, 1904〜80）はドイツのコブルクに生まれ，ミュンヘン大学とジュネーヴ国際問題研究所で学んだ。しかしその後，ナチスの迫害を避けてドイツを離れ，1937年にアメリカに移住した。1943年からはシカゴ大学で教鞭をとり，その5年後の1948年に著したのが，著名な『国際政治』である。その第2版は，彼の代名詞となる「政治的リアリズム」を提示し，画期的な意味を持った[6]。『国際政治』を中核とするモーゲンソー理論の特徴は，次の3点にあろう。

第一は，いわば存在論的な意義である。国際政治学が学問としてまだ確立していない時期に，国際政治のあり方を明確化したのである。彼は，その全体的

第3章　日本における「モーゲンソーとの対話」

構造と特性を体系化する作業に取り組み，今日の目で見れば理論的な緻密さを欠く部分も散見されるが，当時としては傑出した成果をあげた。また，この理論化のために，パワーや勢力均衡などを政策・戦略用語から分析概念に高め，さらに国益という概念を新たに提起した。こうした概念は，今日の国際政治学に深く定着しており，それらを用いずに国際政治を語るのはもはや不可能であろう。

　モーゲンソーは，国際政治もまた国内政治と同じく「パワーをめぐる闘争」であり，その本質はパワー・ポリティクス（権力政治）だと特徴づけた。また，この観点から，平和を導くメカニズムとして当時期待の高かった紛争の司法的解決，国際道義による協調などについて，根本的な限界を指摘した。その上で，パワー・ポリティクスが暴力化しないように勢力均衡による抑制を主張したが，忘れてはならないのは，その限界も喝破した点である。勢力均衡に基づく安定化のためには，各国がパワーの配分状況を正確に測定し，均衡が成立していると判断する必要があるが，それがきわめて困難だというのである。（勢力均衡の不確実性）。また，そのために各国が均等以上のパワーを追求してしまい，軍拡競争が激化してしまう（勢力均衡の非現実性）。したがって，勢力均衡が機能するには，主要国が勢力均衡を国際ルールとして尊重するという共通認識，つまりは「道義的コンセンサス」が不可欠であるが，それが成立していない（勢力均衡の不十分性）[7]。この共通認識の欠如は，冷戦のもとでアメリカ合衆国（以下，アメリカ）とソビエト連邦共和国（以下，ソ連）が自由主義と共産主義のイデオロギーを掲げ，ともに普遍的正義を主張して対立したために深刻化していた。モーゲンソーは，そのために米ソが互いの真意を見誤り，錯誤によって緊張が高まる危険性に着目していた。

　第二は，規範論的な意義である。当時は，超国家的機関や国際世論の確立など，平和を希求する規範論が流布していた。しかしモーゲンソーは，その効果を否定した。同時に，彼は勢力均衡の「道義的コンセンサス」に基づく国際秩序（17〜19世紀ヨーロッパ）に明らかにノスタルジーを抱き，その崩壊を嘆いていた[8]。それに代わる国際規範として提示したのは，国益であった。国益は，各国がイデオロギーを掲げて非妥協的な対立に陥るのでなく，冷静に自制するための行動基準にほかならなかった。各国が，政策目標を死活的なほど重要な

利益 (vital interests) の追求に限定するよう主張したのである。また，その国益を「パワーによって定義される利益」と規定して，国益追求の手段となるパワーの観点からも目標の膨張に歯止めを設けたのである。

　くわえてモーゲンソーは，各国が利害を調整し，妥協を図る措置として，外交に期待を寄せた。その外交の国際規範には「慎慮 (prudence)」を掲げ，獲得しうる利益の衡量を基準にするように促した。すなわち，国益と慎慮の外交は，対立する各国が共存するための「ゲームのルール」として提示されたのである。ただし国益も慎慮も，概念としては曖昧さを拭えなかった。しかも，国際的な共通認識のない状況において，他国も自国と同じく国益と慎慮を尊重すると説くのは矛盾をはらんでいた。

　第三は，実践論的な意義である。モーゲンソーは国際政治学を，国際的現象を客観的に分析する知見にとどまらず，「実用の科学」だと考えた。彼自身も，『国際政治』で示した概念を柔軟に用いて時事問題を精力的に論じ，その議論の卓越性はK・N・ウォルツなども指摘した通りであった[9]。アメリカの冷戦イデオロギーに基づく外交，とくにヴェトナム戦争や核戦略などが，鋭い批判の対象となった。

　以上のようなモーゲンソーの理論は，日本においてどのように輸入され，どのような仕方で受容されたのだろうか。

2. モーゲンソー理論の輸入経路

　1950～60年代の日本は，国際政治学の「知的空白期」（細谷千博）であり，国際政治学は「政治学の分野で比較的一番閑却されていた」（丸山眞男）。その空白に「強烈な勢いで流入」（細谷）したのが，ほかならぬモーゲンソーなどのリアリズム理論であった[10]。モーゲンソーの著書や論文は，刊行から数年間のタイムラグをおいて日本で紹介された。その頻度はカーの著作とともに突出していた。

　具体的にどのような形で紹介されたのだろうか。まず翻訳である。代表的著書の『国際政治』（1948年）は，1963年に伊藤晧文・浦野起央訳で刊行された。

第3章　日本における「モーゲンソーとの対話」

　その後も，1986 年に原著の第 5 版が翻訳されている。他にも『国益の擁護（*In Defense of the National Interests*）』（1951 年）が刊行から 3 年後に，鈴木成高・湯川宏訳『国際政治と国家理性』として出版された。『合衆国の新たな対外政策（*A New Foreign Policy for the United States*）』（1969 年）は，木村修三・山本義彰訳『アメリカ外交政策の刷新』として 1974 年に刊行されている。『科学（*Science*）』（1972 年）も，刊行の 3 年後に神谷不二によって訳出された。

　雑誌に掲載された時事評論も数多く翻訳され，総合雑誌の『世界』，『中央公論』，『エコノミスト』などの誌面を飾った。それらは，ヴェトナム戦争や核戦略をめぐるアメリカ外交批判，ウォーターゲート事件を題材にしたアメリカ政治論など，多岐にわたる。

　モーゲンソーの理論を紹介し，検討した学術論文もやはり多い。1950 年代初期から吉村健蔵，伊藤晧文，川端末人，伊藤佐代，大畠英樹をはじめ，実に多くの研究者が論文を執筆し，日本国際政治学会や日本政治学会の機関誌や大学紀要に掲載した[11]。当初は理論や概念の紹介が多かったが，より緻密な批判的検討も現れた。アメリカの国際政治学を概観する中で，モーゲンソー理論に言及し，その位置づけを検討した論文も目立つ[12]。

　翻訳や紹介に加えて，教科書・概説書における言及が多いのも特徴的である。川田侃や内山正熊，細谷千博，花井等，衛藤瀋吉・渡辺昭夫・公文俊平・平野健一郎，鴨武彦，岡部達味，中嶋嶺雄，百瀬宏，進藤榮一，鈴木基史，等々，実に多くの世代を超えた研究者がモーゲンソー理論の紹介に紙幅を割いた[13]。

　こうして，モーゲンソー理論に触れる機会は，専門家はもとより初学者にも多かったはずである。しかも彼の著書『国際政治』は，格別の形容句を加えて言及されており，強い印象を与えたに違いない。「最も多くの関心を集め広く読まれたであろう書」（川田侃），「国際関係論における巨大な金字塔」（花井等）といった具合であった[14]。

　こうしてモーゲンソー理論は，無視できない存在として日本で広く認知された。それを反映して，日本の研究者が論文で言及し，引用する件数も突出していた。たとえば，日本国際政治学会の機関誌『国際政治』の掲載論文では，モーゲンソーの名は 103 件言及されている。単純には比較できないとしても，K・N・ウォルツの 57 件，R・O・コヘインの 57 件などの約 2 倍にのぼる[15]。

しかも，言及された内容も多岐にわたっており，影響の広がりがうかがわれる。国際政治理論やパワー，勢力均衡などの基本概念にとどまらず，冷戦やアジアにおける革命，開発援助政策などに及んでいるのである。

　モーゲンソー理論の影響の量的広がりは，明白であろう。本章でさらに問うべきは，その質的次元である。その点では，意外なほど研究者の当惑が目立つ。

3. モーゲンソーとの距離感

(1) 歴史と平和の指標から

　先にふれたように，1950〜60年代の日本が国際政治理論の知的空白期であったとすれば，最初期にモーゲンソー理論を紹介した伊藤晧文の言葉は，率直な実感であっただろう。「これまではそれ［パワー・ポリティクス──筆者注］すらはっきりつかめてなくて暗中模索して」おり，モーゲンソーが「方向を示唆した意義は大きい」[16]。当時の日本の研究者が国際政治の全体的イメージを描き，また現象を論じる共通言語を手にする上で，モーゲンソーの著作は決定的な意味を持ったのである。

　もっとも，知的空白期ではあっても，日本の研究者がモーゲンソー理論を無批判で受容したわけではなかった。共通する批判が浮上し，理論の取捨選択に傾向が見られた。序章で述べた「バッソ・オスティナート（執拗低音）」（丸山眞男）として，一定の響きが奏でられたのである[17]。

　第一は，モーゲンソー理論が歴史的・社会的・文化的な要素を過度に捨象している，という当惑や批判であった。本章の第1節で述べたように，モーゲンソー理論の特徴の一つは，国際政治の体系的理論化を試みた点にあった。理論化は必然的に，複雑な現象の抽象化，つまりは単純化をともなう。しかし，伊藤晧文や吉村健蔵，川田侃など，初期の紹介者達の多くは，モーゲンソー理論がパワー・ポリティクスの背景にあるはずの，社会的・文化的・民族的な要素を十分に考慮していない点を批判的に指摘した。またモーゲンソーが，各国の複雑な事情を国益などの抽象的概念に還元している，という違和感も示した[18]。

こうした単純化について，歴史・地域研究者が敏感だったのは当然であろう。たとえば，国際政治史家の岡義武は，モーゲンソーが国益を論じつつも国家の持つ歴史的性格を掘り下げておらず，抽象的概念による予断に基づいている，と批判の目を向けた[19]。また地域研究者としては岡部達味が，モーゲンソーの国益，パワーなどの概念が各国の類似性を想定し，個別性を捨象していることに違和感を示した。後年ではあるが，中嶋嶺雄も次のように指摘した。国際関係論が理論偏重にならないように，地域研究によって補完すべきであるが，モーゲンソーは「徹底したリアリズム」を「呪術的とさえ思われる一貫した教祖のような姿勢」で論じた[20]。

国際政治学の理論面に知的空白があったとしても，歴史・地域研究の成果は戦前から豊穣であった。それらは，各国における歴史的・社会的な個別的特性を描き出しており，その観点からすると，モーゲンソー理論は乱暴な抽象論に映っても不思議はない。同時に，歴史・地域研究の蓄積に基づいて，モーゲンソー理論を修正する試みが浮上しても不思議ではなかったが，これは管見の限り認められない。いずれにせよ，ここにはすでに理論研究と歴史・地域研究との乖離が表面化している。田中明彦は現代日本の国際政治学について，理論研究と歴史・地域研究の乖離を「潜在的な論争」として喝破した[21]。その論争は，海外理論を導入し始めた時点で，とくにモーゲンソー理論をめぐって顕在化していたのである。

第二の批判は，戦後の平和主義に支えられた規範論に基づいていた。それは，とくに国際政治をパワー・ポリティクスとする解釈に向けられた。たとえば川田は，モーゲンソーによる「国際政治を主権国家間の力の闘争に還元したその抽象化と徹底した理想主義に対する挑戦」を指摘し，「『権力至上主義』の落とし穴に陥るおそれ」を指摘した[22]。他にも伊藤佐代が，権力闘争としての政治が人間精神と齟齬をきたすと論じるなど，類似した議論は散見される。国際政治史家の斎藤孝も，広くリアリズムに関してではあるが，戦争を経た日本の思想と行動が「国際関係を不信の体系とみなしてなされる権力政治的思考様式や行動と鋭く対立する」と論じた。これに類した批判は，バッソ・オスティナートのように，その後も繰り返し浮上した。モーゲンソー理論を「いかにも強者の発想」とした馬場伸也は，その例であろう。「パワーの修辞学」に関心を寄

せ過ぎだと論じた鴨武彦なども，そうであろうか[23]。

こうした平和主義のフィルターによって，第1節で言及したモーゲンソー独自の規範論が篩（ふるい）にかけられ，積極的評価の対象から外れたようである。モーゲンソーによる勢力均衡論は繰り返し紹介されたが，彼が17〜19世紀のヨーロッパ大国間に見出した規範認識は，正面から論じられなかった。国益の概念も，国際規範としての試みではなく，国家間対立の厳しい現実の表現だと受けとめられた。

もちろん，川端末人や松村清二郎の論考に見られるように，モーゲンソーによる理論化の試みを評価し，それと現実社会で期待される規範との齟齬に理解を示す議論も存在した[24]。また大畠英樹や原彬久（よしひさ）は，モーゲンソーが国益や慎慮の外交に込めた意図を読み取った[25]。さらに1980年代になると，初瀬龍平の分析を嚆矢として，醒めた目でモーゲンソー理論を論理内在的に再評価し，位置づけ直す議論が現れた[26]。とはいえ，モーゲンソー理論の持つ単純化やパワー・ポリティクス像を批判する声は，根強く残った。

(2)「対話」による摸索

以上のように，モーゲンソー理論を導入した当時，日本には戦前からの基層として歴史・地域研究が存在し，また戦後の上層として平和主義が現れていた。両者の間の空間において，モーゲンソー理論は一定の不協和音を発したようである。同時に，その齟齬を埋め合わせるための音調が浮かび上がり，そこに独自のバッソ・オスティナートが響いた。すなわち，日本の研究者も「モーゲンソーとの対話」に臨み，モーゲンソーとの距離感を確認しながら自らのスタンスを摸索して，興味深い二つの対応を示したのである。

第一は，E・H・カーの評価である。モーゲンソー理論の極端さを緩和しつつリアリズムを受容する際に，カーは格好の緩衝材となった。カーはリアリズムとアイディアリズム（理想主義）の統合を主張し，また歴史やロシアの研究を通じて，歴史・地域研究者としての顔を見せていたのである。蠟山政道は国際政治学の動向について，「リアリズムとアイディアリズムとを適当にバランスしようという傾向になって」いると論じたが[27]，同様の指摘は1960年前後に散見された。モーゲンソーに厳しい目を向けた研究者も，カーには賛辞を送

った。先に言及した岡義武や岡部達味などもそうであり，岡はカーの議論について，歴史やマルクス主義の要素を指摘して，今後の国際政治研究の方向を示すものと評した。同じく先に述べた中嶋嶺雄も，カーを国際関係論の原点に位置づけた[28]。

ただし，カーとの接合を図る議論において，リアリズムとアイディアリズム，あるいは理論と歴史を架橋する方法論や媒介概念が，緻密に検討されたのか議論の余地がある。その意味では，折衷的な分析の方向性を示したに過ぎないのかもしれない。とはいえ，モーゲンソー理論に接した当時の研究者が，リアリズムの柔軟性や相対性を確認する上で，カーの議論は無視できない重要性を持ったのである。もっとも，モーゲンソー自身はカーの議論を便宜主義的だと考え，批判的であった[29]。

第二の対応は，モーゲンソー理論の時限性を強調した，新たな理論の探索であった。冷戦初期にはモーゲンソー理論が妥当したが，国際関係が構造的変化を遂げたとし，適合する新たな理論を提示したのである。その際，構造的変化として国家以外のアクターの役割，国家間の相互依存や地域統合の進展などが指摘された[30]。こうして，武者小路公秀や花井等は，モーゲンソーの国益・パワー概念の曖昧性を突き，また平和的変更（peaceful change）の可能性を分析する必要を強調して，代替的理論として行動科学を示した。また鴨武彦は，国際統合論や相互依存論の意義を提示したのである[31]。こうした経緯を反映してか，日本における行動科学は，戦略研究ではなく平和研究として展開した。また日本の相互依存論は，コヘインなどの議論以上にリベラルな色彩を帯びがちであった。

以上のように，モーゲンソー理論は日本の学界に多大な影響を及ぼし，国際政治の基本像とそれを論じる概念を提供した。同時に，その圧倒的な影響を前にして，多くの研究者が批判を通じて内省し，自らの研究上の立場や方法を定位する手がかりにしたのである。

それに終始したためか，モーゲンソーの理論や概念を直接適用した事例分析は，むしろ見当たらない[32]。しかし，モーゲンソーの議論が，具体的な事例の検討に応用されなかったわけではない。恰好の事例として，1960年に日米安全保障条約の改定問題が浮上したのである。もちろん，緻密な事例分析に適さ

ない政策論議だったが、多くの研究者が国益や勢力均衡などの概念を援用したのである[33]。この政策論議の中でも、高坂正堯と坂本義和の「現実主義・理想主義論争」はよく知られている。これを本章が取り上げるのは、坂本や高坂が、論争の過程でモーゲンソー理論を前提にして、独自の立場や知見を展開したからである。

4. 高坂・坂本論争における「モーゲンソーとの対話」

(1) 論争？

　日米安全保障条約の改定問題について、1960年当時の学界回顧は「安保改定問題は学界から余りに多くのエネルギーを吸収」したと、負の影響を指摘している[34]。ただし、高坂・坂本論争が起こったのは、この年ではなく数年後以降であった。

　まず、条約改定を前にした1959年、坂本義和が雑誌『世界』に「中立日本の防衛構想」を執筆した[35]。坂本はこの論考において、日米安全保障条約を通じて日本が米ソ間の核戦争に巻き込まれる危険性を指摘した。その上で坂本は、同条約に代わる選択として、日本の中立と国連警察軍による日本の防衛を提起した（自衛隊は縮小して国連警察軍の補助部隊に位置づけ）。この政策論の主眼は、後で詳しく述べるように、冷戦の緊張が平和共存へと移行する中で、なおも残存する「錯誤による破滅」の余地を縮小する論理を示す点にあった。

　それから4年を経た1963年、今度は高坂正堯が、『中央公論』誌の編集者・粕谷一希の勧めに応じて「現実主義者の平和論」を発表した[36]。高坂は、坂本の議論に対して（核兵器ではなく）在来兵器が侵略に対する盾となっている点を指摘し、また中立の選択については、日本がすでに極東地域の勢力均衡に組み込まれており、その均衡を動揺させる点を批判した。同時に高坂は、自らの立場を「現実主義」に位置づけ、坂本などの立場を「理想主義」と規定して、双方の思考法を対置した。これを契機に、現実主義・理想主義論争と称される議論が起こったのである[37]。

第3章　日本における「モーゲンソーとの対話」

　坂本の論考は，総合雑誌に書かれた政策論であったが，当時の日本政治学会編『年報政治学』の学界回顧でも取り上げられた。それは「現代の国際政治情勢に鋭いメスを加えながら，パワー・ポリティクスの観点も忘れず」に論じているとし，「高く評価」していた[38]。これを書いたのは，京都大学法学部の研究者（政治学研究会）であったが，皮肉にも同大学から留学して帰国した高坂が，批判を展開したのである。ただし，坂本と高坂は「論争」と形容しうるような直接的議論を行っていない。面会したのも，高坂が坂本を訪ねた一度限りであった[39]。両者は1970年代始めまでに，数本の論文で，時にじかに互いの議論に言及し，多くの場合は間接的にふれたのみであった[40]。

　こうした論壇の論争は，学界では否定的に評される場合もあった。しかし高坂と坂本は，モーゲンソーにじかに接した数少ない日本人研究者であり，モーゲンソーの議論を比較的多く参照した。それだけでなく，両者はモーゲンソーが意識していた課題に自覚的に取り組み，一定の解答を提示した。その課題とは，冷戦のイデオロギー対立のもと，各国間の錯誤や真意の誤認が生じかねない中で，敵対する国がいかに共存するかであった。すなわち，両者は日米安全保障条約という当面の政策論を展開しつつ，より一般的な国際政治のパターンや思考様式を検討したと考えられる。

　坂本については，その意図を示唆する，二つの傍証がある。第一に，坂本は留学して国際政治学を学んだものの，帰国後にそれを日本で伝えるのに苦慮した。彼はモーゲンソー宛ての手紙において，不安定な政治体制の小国（すなわち日本）の学生達が，国際政治がパワー・ポリティクスであるかどうかなどにあまり関心を抱かないのは当然かもしれない，と記していた[41]。それと関連して，第二に，坂本が後に『核時代の国際政治』や『地球時代の国際政治』など教科書的な書物をまとめた際，最初の章に「中立日本の防衛構想」を繰り返し配置した[42]。この事例を通じて，国際政治の原理的問題の理解を促そうと試みたのではないだろうか。

(2)　坂本，高坂とモーゲンソー

　具体的な議論を検討する前に，坂本と高坂がモーゲンソーとその理論にどのような立場と距離をとったのか，確認しておこう。

坂本はモーゲンソーの『国際政治』を読み，「その体系的思考力に感銘を受け」た[43]。彼が1955年から56年までシカゴ大学に留学したのは，ほかならぬモーゲンソーに指導を受けるためであった。留学後も坂本はモーゲンソーと接点を保ち，確認できるだけでも50数通の手紙を交わし，論文を送り合い，再会を重ねた。坂本こそは，モーゲンソーが手紙で「Yoshi」と呼びかけた愛弟子であり，その後は気の合う研究仲間となった[44]。

高坂・坂本論争において，坂本は「理想主義者」に位置づけられたが，本人はモーゲンソー的な意味の「リアリスト」だと自覚していた[45]。後に坂本は，モーゲンソー宛ての手紙において，「私は自分自身で自覚している以上に，あなたの概念枠組みの影響下にあることがよく分かった」とも記している[46]。同時に坂本は，日本における「現実主義」とリアリズムは似て非なるものだとし，前者は「既成事実の中に合理性を追求」し，「思想的・理論的には慣行を踏襲する安易さを脱するものではない」と批判的だった[47]。他方で，リアリストたるモーゲンソーについては，「単純な『力の政治』の主張ではなく，具体的な文脈の中で，道義的な要因を含めて判断する立場」だと形容した[48]。1967年には，モーゲンソーをG・ケナンやW・リップマンなどと同じ範疇として，「中間的リベラル」に位置づけている[49]。

他方の高坂は，1960年から62年までハーバード大学に留学し，一度，モーゲンソーの講義を聞く機会を持った。ただし高坂は，坂本とは対照的に，その講義を体系的思考によって理詰めで押していると受け取り，違和感を抱いたという[50]。高坂は後年，モーゲンソーに言及しつつ，国際政治を権力闘争そのものとみなすのは「行き過ぎ」だとし，パワー以外の多くの要素，とくにイデオロギーを視野に入れた[51]。また高坂は，「現実主義」の立場を規定した際に，その第一の特徴にモーゲンソーの国益の定義そのもの（パワーとして定義された国益の概念を指標にする）を掲げたものの，第二の特徴には，社会や歴史，政治に内在する不可知なものを承認し，簡単な図式で置き換えない点をあげた[52]。これは，高坂がモーゲンソー理論を過度に理詰めだと受け取り，また政治の「デモーニッシュ」な本質を捉える必要性を指摘していたことを想起させる[53]。

とはいえ高坂は，しばしばモーゲンソーを引用した。彼の著作集で見ても，モーゲンソーの引用は，研究者としてはR・アロン（29件）につぐ21件を数

える。彼が影響を受けたとされるH・バターフィールドが7件，S・ホフマンが20件，カーが8件であるから，多く引照した部類に入ろう[54]。

以下では，「モーゲンソーとの対話」の観点から，坂本と高坂の議論を再検討する。その際，段階的にフォーカスを絞ってゆくようにして，第一に，日米安全保障条約をめぐる議論の大前提として，両者が当時の冷戦構造をどのように捉えていたのかを検討する。第二に，中立と国連警察軍による防衛が極東地域の安定化に資するのか，逆効果をもたらすのかが争点になったため，その判断を左右する勢力均衡の見方を再確認する。第三には，その中立と国連警察軍の争点について，両者の立場を考察する。以上の点に関して，両者がモーゲンソーの議論をどのように受け止めていたのか。また逆に，モーゲンソー自身がどのように判断していたのかも考慮する（後者に関連しては，1960年4月の『世界』誌上の国際シンポジウムにおいて，坂本の構想に対してモーゲンソーも寄稿しており，参考になる）[55]。

(3) 冷戦の構造的変化

安定期における錯誤

1960年の日米安全保障条約の改定に先行して，1950年代に冷戦の対立構造に変化が生じた。それをどう評価するかによって，改定問題の解釈は変わってくる。1950年代半ばには，東西間で平和共存を摸索する動きが芽生え，とくに1955年7月に戦後初めてアメリカとソ連，それにイギリス，フランスの首脳と外相がジュネーヴで一堂に会した。もちろん，この首脳会談は具体的成果に乏しく，象徴的意味を有するにとどまった。しかし同時に，参加国の首相が平和共存の理念と核戦争の回避などについて，相互に一定の感触を得る機会になったとされる。とはいえ，翌年にハンガリー動乱が勃発し，ソ連が軍事介入を実施したのも確かであり，米ソが核開発競争を本格化したのも，また確かであった。

このような国際政治の変化について，坂本は米ソ関係が「安定期」に入り，「歴史の巨大な転換点」が到来したと解した。彼は，米ソ互いの行動に同質性を見出し，それを相互に認識して受容しあい，ここに「(ゲームの) ルールの相互了解」が生まれたと考えたのである。両国は，相手が核戦争の危険を冒

すほど非合理的でないという想定に立ち,「現状維持政策の循環の緒口が開かれた」ものと捉えた[56]。

興味深いのは,その根拠である。坂本は,単にジュネーヴ首脳会談を評価したのではなく,その背景で生じた米ソの政府の変化を見つめていた。両国政府が国民生活に責任を持つようになり,一方でイデオロギー的に対立しながらも,他方では「世俗主義」に基づいて相互利益を摸索したと解したのである。たとえば,アメリカでマッカーシズムが終息し,ソ連でスターリンの死後に平和共存路線が浮上し,フルシチョフ書記長がスターリン批判に踏み切ったのは,その証左だとした。

坂本の議論は,モーゲンソーの国益概念を念頭に置いていた。モーゲンソーの概念について,それが国家利益なのか国民利益なのか特定しておらず,国益の内容に立ち入っていないとし,坂本は批判的であった。坂本自身は,国民利益とする立場をとった。その観点から,米ソの政府が世俗的な国民利益を考慮せざるをえなくなり,それが両国関係にも反映したと捉えたのである。両国がゲームのルールを承認しあい,妥協を志向する局面に入ったのは,そのためだと観察した[57]。

同時に坂本が着目したのが,「錯誤」による核兵器使用であった。坂本は,平和共存下でも残存する危機として,政策決定者の誤認や技術的・機械的ミスなどをあげた。それ以上に,日米安全保障条約の改定がソ連や中国に挑戦的だと受け取られ,そうした錯誤を助長する事態を懸念したのである[58]。坂本によれば,「錯誤による破滅の危機が現代国際政治にとって,いわばその構造的要因になって」おり,喫緊の課題であった[59]。同時に彼は,冷戦の構造的変化を前提にすると対応は不可能でないとし,それを中立と国連警察軍による防衛という構想に結実させたのである。

坂本の解釈は突飛ではなかった。当時の変動をどのように解釈すべきかは論争的な問題だが,たとえば石井修による冷戦の「55年体制」論は,意外なほど坂本の議論と重なり合う。石井によれば,この頃に米ソが互いの勢力圏を意識して現状維持政策に転じ,ある程度の状況の予測可能性が生まれた。それは,マッカーシズムやスターリン批判の動きに見られたように,米ソの国内で冷戦激化の要因が取り除かれたために定着したという[60]。坂本の議論は,冷戦の構

第3章　日本における「モーゲンソーとの対話」

造的変化をふまえて，それを国益論に依拠して裏づけ，さらに錯誤の問題も視野に入れた点において，モーゲンソーの共存論に独自の修正を加えるものであった[61]。

　パワー・ポリティクスの浸透

　1950年代後半の国際政治の変化は，高坂の関心も引いた。しかし高坂は，むしろ平和共存の動きの背後で進んだ，対立の新たな様相を警戒した。核兵器の登場によって軍事力はむしろ使いにくくなり，その地位は揺らいだ。このため，非軍事的なパワーとして経済的パワーや，世論を支配するパワーの重要性が高まったと見たのである。それは，国家間の経済的相互依存が拡大し，また各国で政治の大衆化が進んだためでもあった。すなわち，「権力政治の変化」が生じたとしても，それは「権力政治があらゆる所に染み渡った」表れだというのが，高坂の解釈であった。パワー・ポリティクスは，あからさまな軍事力の運用ではなく，経済や世論などを始め，多くの分野に通底するようになった[62]。そうであれば，モーゲンソーが提起したように，国益に基づいて利益を単純化し，自制を促すのは容易ではない。高坂によれば，「平和への決め手のない時代」が到来したのであり，複合的な考慮が欠かせなかった[63]。

　核兵器の拡散も，高坂の観点からすると，錯誤による危険性は否定できないながら，なおパワー・ポリティクスの延長線上にあった。核兵器による制限戦争論は「伝統的な力の立場の典型」であり，核兵器の増大によっても「戦争と平和の中間」の状況が従来通りに続き，在来兵器の抑止機能も存続すると考えたのである[64]。

　それでは，モーゲンソーはどう見ていたのか。1950年代後半の平和共存への動きは，ジュネーヴ会談の成果ではなく，米ソの核の手詰まりの結果だと彼は診断した。しかも，米ソ間の緊張は性質を変えても緩和していないと見た。彼は，米ソが自らの陣営の味方を拡大するために経済援助や宣伝を活用しているとし，この点では高坂の考えに近かった[65]。

　しかし同時に，モーゲンソーは坂本と同じく，とくに核兵器に危機感を強めていた。1950年代初期には，彼も核兵器を容認していたが，核兵器の増大と技術革新にともなって立場を変え，50年代後半には核戦争の危険性を訴えて

いたのである。またモーゲンソーも,「錯誤」による核兵器の使用に懸念を示していた。核保有国が間違った主観的判断や自国が優越だと誤認する事態,あるいは不利だという自己認識で自暴自棄的になる事態を,無視できなかったのである[66]。さらにモーゲンソーは,同盟が核兵器による抑止を複雑化すると論じた。核保有国が同盟国の都合を考慮せずに核兵器を使用する場合や,自国の被害を恐れて同盟国のために核を利用しない場合,また同盟国と核保有国とを同一視して,敵対する核保有国がその保有国に核を使用する場合などを指摘したのである[67]。坂本は,この核時代の同盟論に刺激を受けた[68]。それは,日米安全保障条約改定をめぐる坂本の懸念と論理的に整合していた。

(4) 勢力均衡の規範論

共通する規範論

先に述べたように,坂本が中立構想を示すと,高坂はとくに勢力均衡の観点から中立が予期せぬ動揺をもたらすと,反駁した。国際的な冷戦構造に変化が生じているにせよ,生じていないにせよ,日本の安全保障政策を転換すれば地域的な勢力均衡状況に何らかの影響が生じる。この時,勢力均衡をどう考えるかによって,その影響についての判断は異なってくる。

興味深いことに,坂本と高坂はともに助手論文でウィーン体制を論じ,勢力均衡を検討していた。その際,両者とも,物理的な軍事力バランスに着目する勢力均衡観を採用せず,モーゲンソーの論じた国際規範の側面を視野に入れていた。モーゲンソーは,I・クロードも指摘したように,勢力均衡を十分な一貫性をもって論じてはいないが[69],本章の第1節で見たように,18,19世紀ヨーロッパの主要国間に成立した「道義的コンセンサス」の役割に着目していた。この点についてR・リトルは,モーゲンソーが勢力均衡の物質的側面だけでなく社会的・観念的側面を捉え,コンストラクティヴィズム的であったと喝破している[70]。

坂本と高坂は,ともにモーゲンソーと共通する理解を持っていた。坂本は,18,19世紀の勢力均衡の背景で,主要国がキリスト教やゲルマン的な慣行,ローマ法の遺産などを共有し,君主制の国内体制が共通していた点を指摘した[71]。勢力均衡は,共通の文化や教育を持つ支配的エリートが,相互に承認し

あった国際規範にほかならなかった[72]。

すなわち坂本によれば，勢力均衡を成立させる共通認識の形成は，主要国間に共通の文化や慣行を欠いた現代の国際政治では難しかった。坂本は，こうした勢力均衡の「虚構」性を論じ[73]，錯誤を低減するために別の安全保障策を検討したのである。

高坂も，18，19世紀ヨーロッパの勢力均衡について，主要国間に文化的な紐帯があり，それがさまざまな交渉を通じて持続し，政策決定者間に道徳的共感が存在したと，共通認識を指摘していた[74]。それが同質的な価値体系や政治体制などに依拠していた点，その同質性がフランスに発する民主的革命によって動揺した点，19世紀半ばのウィーン体制は，各国の同質性を維持する試みだった点を，高坂も論じていた。

このような勢力均衡観を持ちながらも，高坂は坂本の中立構想を批判した際，勢力均衡を根拠にした。中立構想は，「力の均衡に基づく平和を危険にさらす」と指摘したのである[75]。これに対して坂本は，先に見た勢力均衡の「虚構」性の議論で応じた。また高坂も，後の書籍『国際政治』では，勢力均衡が苦肉の策であり，それによる平和は前提を疑われていると明示した[76]。

勢力均衡状況への波紋

高坂の議論は，矛盾しているわけではない。勢力均衡の国際規範の次元を意識しながらも，実際の国際政治における各国の勢力均衡の政策は無視できず，勢力均衡的な状況が実現しているのも事実であり，それを前提に考えざるをえない[77]。高坂は，勢力均衡の限界を指摘しながらも，「勢力均衡が果たしている役割は，実に今日の国際関係の基本的パターンを形成している」と述べた。そして，日本はアメリカと安全保障条約を結び，ソ連や中国と対抗し合う状況の中にあり，日本が「権力政治的な力の均衡の平和の一要素となっている」と論じたのである[78]。日本の中立は，この状況の動揺を意味し，不測の事態の発生を懸念させたのである[79]。

勢力均衡について，国際規範の次元を知悉しながら，当面の状況に神経を尖らせたのは，高坂だけではなかった。モーゲンソーも同様だったのである。彼も，冷戦下のアメリカのアジア政策について，勢力均衡を維持する必要性を指

摘した[80]。そのモーゲンソーは，坂本の中立構想についても，中立は「選択の問題」ではなく，客観的条件の点で難しいと論じた。彼が懸念したのは，日本の中立化が「中国の帝国主義に向かってドアを開」く可能性であった[81]。

(5) 代替策としての縮小政策をめぐって

新たな共存論

　以上のように，坂本は冷戦の構造的変化を前提にして，勢力均衡に依拠せずに錯誤を縮小する措置を案出した。坂本は，モーゲンソーの議論について「一種の共存論」であると，その本質を喝破していた[82]。その共存論を一歩進めることを，坂本は企図したに違いない。他方の高坂は，冷戦の対立構造の持続と複雑化を踏まえて，勢力均衡状況を過度に変動させない選択を摸索した。

　すなわち坂本は，錯誤の観点から，第一に，日米安全保障条約のもとで潜在的な敵対国が日本の行動に神経を尖らせ，「錯誤による破滅」として，日本が米ソ核戦争に巻き込まれる危険性を縮小しようとした。また第二に，やはり錯誤の観点を徹底し，日本の防衛についても周辺国の錯誤を招かない形態を追求した。この第一の点について，坂本が主張したのが「生存のための中立」であった。第二の点については，「完全に防衛的性格のものであることが誰の目にも明らか」な日本の防衛策として，国連警察軍の利用という斬新な構想を示したのである[83]。日本の自衛隊は縮小し，国連警察軍のもとに置くものとした。ここで国連警察軍とは，スエズ動乱の際に派遣された国連軍のような形態を想定していた。坂本は，こうした選択が中国やソ連の国益にかない，またアメリカも，日本が共産主義陣営に与するわけではない点で容認しうると主張した。

　安全保障をめぐっては，仮にＡ国が安全を高めるために軍事力を拡大すると，潜在的に対立するＢ国はそれを安全を脅かす措置と受け取り，Ｂ国も安全を高める観点から軍事力拡大に踏み出す。すると，またＡ国が安全を脅かされたと解し，さらに軍事力増大に力を注ぐ。すなわち，安全の追求がかえって安全の低下と軍事的競争を引き起こすという，負のスパイラルが展開するのである。この現象は「安全保障のディレンマ」と称される[84]。これが生じるのは，Ａ・Ｂ国間で安全保障の意図をめぐる錯誤が生じるためにほかならない。この点について，中立と国連警察軍による防衛構想は，錯誤の縮減策として一

第3章　日本における「モーゲンソーとの対話」

つの可能性を示している。

　この問題については，次の第5章で論じるように，T・シェリングが洗練された理論を示したが，モーゲンソーも関心を寄せていた。すでに論じたように，モーゲンソーはかつて勢力均衡を支えた国際規範の限界を示し，また国益に基づく相互自制と慎慮の外交を提起していた。これに対して坂本は，モーゲンソーが想定しなかった国家の対外政策パターンを想定したのである。モーゲンソーは国家の対外政策パターンとして，現状維持政策と拡張政策（帝国主義）をあげていた（また，両者の具体策としての威信政策）。坂本はモーゲンソーに対して，「縮小政策という第3のカテゴリー」の存在を主張したという[85]。中立と国連警察軍による防衛は，この縮小政策の具体化であった。

　縮小政策について，坂本は1966年の論考「権力政治を超える道」において議論を進めた。その際，中立構想の後に発表されたC・オズグッドの「漸進的・相互的イニシアティヴ」を利用した[86]。オズグッドの議論は，まず一方的譲歩のイニシアティヴをとり，敵対国との間で信頼を築いてゆき，同様の譲歩をとるように促すプロセスを示していた。これについて坂本は，最初に縮小政策を採用し，相手国の対応に「賭け」て，その譲歩を呼び起こす点に着目した。彼はその具体例として，キューバ危機におけるソ連の一方的譲歩，核実験停止条約におけるアメリカの対応，冷戦終結にいたるソ連の一方的核実験停止などをあげた。さらに坂本は，日本が近隣諸国に及ぼしかねない脅威を軽減する措置として，日本の市民が慰安婦への政府補償を要求する行為も指摘した[87]。

移行過程をめぐる慎慮

　高坂は，国連警察軍とその傘下の自衛隊配置を「注目に値いする」と評した。しかし，すでに実現している勢力均衡状況の観点から，坂本構想の「移行」や「手順」こそを問題にした[88]。日本は，日米安全保障条約を通じて勢力均衡状況に関与しているため，その移行過程で不測の事態が生じかねない点に，注意を向けたのである。坂本構想が安全保障のディレンマを低減するとしても，潜在的敵対国に及ぼす脅威の低下は，必然的に抑止効果の低下を意味する。また，国連警察軍も周辺国に脅威を及ぼさないわけではなく，そうでなければ抑止効果も与えない，と高坂は指摘した[89]。この論点は決着しがたい。

オズグッドの漸進的・相互的イニシアティヴについては，高坂も「理想主義のなかでも，もっとも理論的にすすんだもの」だと評価した。それは，そこに「冷静な計算も入っている」ためであった[90]。高坂は一方的イニシアティヴの好例としてキューバ危機をあげたが，坂本とは対照的に，ソ連政府の譲歩ではなくアメリカ政府の計算を指摘した。ケネディ政権がソ連の賭けに乗らず，かといってソ連を追い詰めもせず，また軍事力を自制し，フルシチョフとの書簡を通じて誤算による戦争を避けて，ソ連側の妥協を容易にしたというのである[91]。坂本と強調点は異なるが，誤認の回避を指摘した点は合致している[92]。
　誤認を回避しながら緊張を緩和する共存論は，高坂にとってどのようなものなのか。高坂は，極東地域の緊張緩和について具体策を示し，日中国交正常化や駐日アメリカ軍の撤退などを段階的に，関係国の反応を確認しつつ進めるよう主張した。すでに明らかな通り，高坂は，坂本のように脅威や誤認の削減パターンを明確化するよりも，外交の具体的文脈に応じた選択とその思考方式を摸索したのである[93]。高坂の現実主義とは，後者の思考方法を意味していた。彼は，勢力均衡状況やパワー・ポリティクスの浸透を踏まえた，複雑な「慎慮」に期待したのである。注目すべきは，この慎慮について，高坂がモーゲンソーの概念ではなくアロンを引用した点である。モーゲンソーにとって，慎慮はイデオロギー的な普遍主義とそれに基づく過剰な利益追求を抑える態度であった。これに対してアロンは，議論をパワーに縮減せず，イデオロギーや思想，感情なども考慮に入れ，原則や便宜も含めて比較衡量する必要性を強調した[94]。高坂はこうした慎慮について，ヨーロッパ外交の歴史的知見に手がかりを求め，独自の洗練を目指していった。
　坂本の縮小政策としての中立・国連警察軍構想について，モーゲンソーはどのように考えたのだろうか。前者の中立については，すでに述べた。後者の国連警察軍構想について，モーゲンソーは「深い感銘」を受けたとし，「独創的な，そして真剣な検討にあたいするもの」だと評価した[95]。ここでモーゲンソーは，錯誤をめぐる坂本構想の意義を理解していたはずである。モーゲンソーが，それ以上に踏み込んだ見解を持ったのかどうかは確認できない。ただし，国連警察軍が脅威や錯誤を喚起しないとすれば，それは国連が各国を超えた中立性と正当性を持ちうるためであろう。モーゲンソーはこの頃，核戦争の危険

性に関連して国家を超えた国際機関の必要性を展望し，国連の役割に期待する議論も展開していた[96]。また坂本によると，彼の縮小政策の考えをモーゲンソーも受け容れるようになったという[97]。

おわりに

　モーゲンソーは，パワー・ポリティックスとして国際政治を理論化した。また，かつての勢力均衡が崩壊した後，これに代わる国際規範として，国益に基づく慎慮の外交に期待を向けた。こうしたモーゲンソーの議論と接して，日本の研究者は，モーゲンソー理論の体系性と簡潔な議論に目を開き，同時に歴史性と地域性，平和に対する規範的展望の不足に当惑せざるをえなかった。このため日本では，モーゲンソー理論を受容する際に独自の取捨選択をし，基本概念や国際的構造の包括的理解などを中心に取り入れた。この受容過程において，研究者はモーゲンソー理論との距離を個々に測定し，自らの研究上のスタンスを探った。その過程では，海外の理論を日本に輸入する際の土壌として，戦前の歴史・地域研究や戦後の平和主義の重みが浮き彫りになった。

　もっとも，モーゲンソー理論を事例に適用し，修正する試みは，意外なほど見られない。そのような中で，日米安全保障条約の改定問題は，モーゲンソーなどのリアリズム概念を応用する好機となった。それは，留学中にモーゲンソーの議論に接した坂本と高坂が，モーゲンソー理論を前提にしながら，自らの論理や思考方式を吟味する試金石にもなった。高坂と坂本は，「論争」という語がふさわしいほど，直接対峙したわけではなかった。彼らの議論は，むしろモーゲンソーとの対話として建設的な意義を持っていたのである。

　モーゲンソーの教え子でもあった坂本は，モーゲンソー理論を強く意識して，冷戦の構造的変化を前提にして，理論の修正を企図した。また高坂は，むしろモーゲンソー理論から距離を置き，その基本概念から刺激を得ながらも，独自の慎慮の方法を模索した。その意味において，坂本は理想主義者と称されたものの，実際にはリアリズムをベースとして，モーゲンソーも取り組んだ錯誤の問題に関して独自の解を提示した。日米安全保障条約の撤廃による中立と，国

連警察軍による防衛は,その具体的表現であった。これに対して高坂は,モーゲンソー流のリアリズムに依拠しながらも,過度の体系性を戒めて国際政治の現実に迫ろうとし,歴史的な現実主義の思考方式を築いた。

このため,高坂と坂本の立場は一見対立的なようで,意外な共通性を持っていた。もちろん,冷戦が構造的に変化したか,勢力均衡の状況を政策選択の前提にするか,また中立を是認するかどうかに関して,両者の立場は大きく異なった。また,坂本が現状を超克する論理を追求したのに対して,高坂は現状を変更する移行過程に注意を注いだ。とはいえ,両者とも漸進的で相互的な緊張緩和イニシアティヴの可能性を認めた。またその際に,敵対する国家間の錯誤を抑える点にこだわったのである。

注
1 細谷千博「総説」『国際政治』61・62 号,1979 年,xi 頁。
2 細谷千博「シベリア出兵研究の今日的意味——『シベリア出兵の史的研究』の思い出」細谷千博著作選集刊行委員会編『細谷千博著作選集1——歴史のなかの日本外交』龍渓書舎,2012 年,246-47 頁および 249-50 頁。
3 Kenneth W. Tompson, *Political Realism and the Crisis of World Politics: An American Approach to Foreign Policy*, Princeton University Press, 1960, p. 33.
4 パワー・ポリティクスのパラダイムを検証した J. A. ヴァスケッツによると,モーゲンソーの『国際政治』こそがリアリズムの模範になった。John A. Vasquez, *The Power of Power Politics: From Classical Realism to Neorealism*, Cambridge University Press, 1999, p. 30.
5 田中明彦「国際政治理論の再構築」『国際政治』124 号,2000 年,2-4 頁。関寛治「理論研究 総論」『国際政治』61・62 号,1979 年,214 頁。岡部達味『国際政治の分析枠組』東京大学出版会,1992 年,i-ii 頁。
6 Hans J. Morgenthau, *Politics among Nations: The Struggle for Power and Peace*, Second Edition, Knopf, 1954. 最新の邦訳は第 5 版(Hans J. Morgenthau, *Politics among Nations: The Struggle for Power and Peace*, Fifth Edition, Knopf, 1968),原彬久監訳『国際政治——権力と平和(上・中・下巻)』岩波文庫,2013 年。今日のモーゲンソー評価の議論として,以下を参照。William E. Scheuerman, *Morgenthau: Realism and Beyond*, Polity, 2009; Mi-

haela Neacsu, *Hans J. Morgenthau's Theory of International Relations: Disenchantment and Re-Enchantment*, Palgrave Macmillan, 2010.

7　Morgenthau, *Ibid.*, pp. 103-106, 202-22.

8　Chris Brown, "The Twilight of International Morality ?: Hans J. Morgenthau and Carl Schmitt on the end of the Jus Publicum Europeaum," in Michael C. Williams, ed., *Realism Reconsidered: The Legacy of Hans J. Morgenthau in International Relations*, Oxford University Press, 2007, p. 56. 宮下豊『ハンス・J・モーゲンソーの国際政治思想』大学教育出版，2012 年も参照。

9　Kenneth Waltz, "Book Review: Dilemmas of Politics," *The American Political Science Review*, Vol. 53, No. 2, 1959, p. 531.

10　細谷，前掲（「総説」），xi 頁。蠟山政道・中村哲・堀豊彦・辻清明・岡義武・丸山眞男「日本における政治学の過去と将来――討論」『日本政治学会年報政治学』1 号，1950 年，72 頁。

11　吉村健蔵「H・J・モーゲンソウ『諸国民間の政治』」『日本政治学会 年報政治学』2 号，1951 年。伊藤晧文「パワー・ポリティクス――モーゲンソーを中心として」『国際政治』9 号，1959 年。伊藤佐代「H. J. モーゲンソーのナショナルインタレストに関する覚書」『社会科学紀要』4 号，1955 年。川端末人「国際政治の構造と変革―― E・H・カーの国際政治学の紹介」『同志社法学』9 号，1951 年。川端末人「国際社會に於ける秩序と平和の基本構造――ハンス・J・モーゲンソーの『科学的人間対権力政治』」『同志社法学』16 号，1953 年。大畠英樹「モーゲンソーのナショナル・インタレスト理論」『国際政治』20 号，1962 年，など。

12　芳川俊憲「米英国際政治学体系への一批判――国際政治におけるパワーの意義」『国際政治』9 号，1959 年。谷川栄彦「アメリカにおける国際政治学界の現状」『国際政治』9 号，1959 年。宮里政玄「アメリカにおける国際政治学の発達と現状」『国際政治』49 号，1973 年，など。

13　川田侃『国際関係概説』東京大学出版会，1958 年。細谷千博・臼井久和編『国際政治の世界―― 21 世紀国際システムの展望』有信堂，1981 年。花井等『現代国際関係論』ミネルヴァ書房，1974 年。花井等『国際関係論』東洋経済新報社，1978 年。衛藤瀋吉・渡辺昭夫・公文俊平・平野健一郎『国際関係論』東京大学出版会，1982 年。鴨武彦『国際安全保障の構想』岩波書店，1996 年。岡部，前掲『国際政治の分析枠組』。中嶋嶺雄『国際関係――同時代史への羅針盤』中央公論社，1992 年。百瀬宏『国際関係学』東京大学出版会，1993 年。進藤榮一『国際関係論』有斐閣，2001 年。鈴木基史『国際関

係』東京大学出版会，2000 年，など。

14 川田侃『国際関係研究（川田侃・国際学Ⅰ）』東京書籍，1996 年，60-61 頁。花井，前掲『国際関係論』，7 頁。

15 J-Stage（科学技術情報発信・流通総合システム）の検索システムにより，2015 年 10 月に検索。

16 伊藤晧文，前掲，57 頁。

17 本書の序章，6 頁を参照。

18 川田，前掲（『国際関係概論』），44 頁。吉村，前掲，169 頁。伊藤晧文，前掲，54 頁。長井信一「アメリカ国際政治学の方法論的系譜――シューマンを中心として」『国際政治』9 号，1959 年，26 頁。

19 岡義武『国際政治史』岩波書店，2009 年，4 頁（初版は 1955 年刊行）。長井，前掲，26 頁も参照。

20 岡部，前掲，42-47 頁。中嶋，前掲，46-47 頁。

21 田中明彦「日本の国際政治学――『棲み分け』を超えて」日本国際政治学会編，田中明彦・中西寛・飯田敬輔責任編集『日本の国際政治学 1 学としての国際政治』有斐閣，2009 年，13-16 頁。

22 川田，前掲（『国際関係研究（川田侃・国際学Ⅰ）』），60-63 頁。川田侃『権力政治研究（川田侃・国際学Ⅱ）』東京書籍，1996 年，18-19 頁。

23 伊藤佐代，前掲，67-68 頁。斎藤孝編『国際関係論入門』有斐閣，1966 年，108 頁。馬場伸也『アイデンティティの国際政治学』東京大学出版会，1982 年，192-93 頁。鴨，前掲『国際安全保障の構想』，25 頁および 31-32 頁。

24 川端，前掲，1951 年・1953 年。松村清二郎「国際政治学の理論構成を繞る若干の問題――E・H・カーを中心として」『国際政治』9 号，1959 年，38-39 頁。

25 大畠，前掲。原彬久「国際政治学の生成基盤」『国際商科大学論叢』2 号，1968 年。

26 初瀬龍平「H・J・モーゲンソーの理論の再評価」『国際法外交雑誌』81 巻 4 号，1982 年。

27 蠟山政道「国際政治の新動向」『社会思想研究』9 号，1957 年，28 頁。

28 蠟山・中村・堀・辻・岡・丸山，前掲，73 頁。中嶋，前掲，44 頁および 56 頁。

29 Hans J. Morgenthau, "The Surrender to the Immanence of Power: E. H. Carr," in Morgenthau, *Dilemmas of Politics*, The University of Chicago Press, 1958.

第 3 章　日本における「モーゲンソーとの対話」

30　細谷・臼井編，前掲，1981 年。鴨，前掲，1990 年。大嶽秀夫・曽根泰教・鴨武彦『政治学』有斐閣，1996 年。百瀬，前掲，1993 年。
31　武者小路公秀「現実主義の克服」『国際政治と日本』東京大学出版会，1980 年，224-33 頁。花井，前掲（『国際関係論』），34-35 頁。鴨，前掲（『国際安全保障の構想』），46-49 頁。
32　事例分析の例として，元川房三「国際政治の現象と機能」『国際政治』20 号，1962 年。
33　大畑篤四郎「学界展望　一九六〇年の国際政治学会」『国際政治』16 号，1961 年，148-49 頁。大島英樹「(書評) H・J・モーゲンソー著・現代平和研究会訳『国際政治——権力と平和』」『国際政治』83 号，1986 年，175-76 頁。
34　大畑，前掲，148 頁。
35　坂本義和「中立日本の防衛構想」『世界』1959 年 8 月号（『坂本義和集 3 ——戦後外交の原点』岩波書店，2004 年，所収）。
36　高坂正堯「現実主義者の平和論」『中央公論』1963 年 1 月号。
37　たとえば，蠟山道雄「異端視された貴重な立場」『中央公論』1964 年 10 月号。衛藤瀋吉「日本の安全保障力をどう高めるか」『中央公論』1965 年 5 月号。関寛治「現実主義者の国際政治観」『朝日ジャーナル』1967 年 11 月号。武者小路公秀「高坂正堯 対 坂本義和」『日本』1966 年 2 月号。永井陽之助『平和の代償』中央公論社，1967 年，など。また，進藤榮一「現実主義の再検討——理論からイデオロギーへ」関寛治編『国際政治学を学ぶ』有斐閣，1981 年も参照。
38　京都大学法学部政治学研究会「日本政治学会の展望」『年報政治学』11 号，1960 年，242 頁。
39　坂本義和『人間と国家（下）』岩波新書，2011 年，191 頁。大嶽秀夫『高度成長期の政治学』東京大学出版会，1999 年，73-74 頁および 90-91 頁も参照。なお，高坂は坂本の論考を評価し，たとえば坂本の論文を収めた編書の書評において，坂本の章が「日本の『理想主義』の国際政治観の最も妥当な形の主張である」と評し，同時に現実主義との対話が必要だと論じた。高坂正堯「(書評) 権力政治と平和共存——『冷戦——政治的考察』（岩波講座『現代』6)」『朝日ジャーナル』1964 年 1 月 19 日号，62 頁。
40　坂本，前掲（「中立日本の防衛構想」）。高坂，前掲（「現実主義者の平和論」）。坂本義和「『力の均衡』の虚構」『世界』1965 年 3 月号。坂本義和「権力政治を超える道」『世界』1966 年 9 月号。高坂正堯「日本の外交論議における理想主義と現実主義」国民講座・日本の安全保障編集委員会編『国民講

座・日本の安全保障 第4巻』原書房, 1968年（『高坂正堯著作集 第1巻——海洋国家日本の構想』都市出版, 1998年, 所収）。高坂正堯「現実主義の国際政治観」関西外交史研究会編『現代外交の理論と歴史』有信堂, 1971年（『高坂正堯著作集 第7巻——国際政治』都市出版, 2000年, 所収), など。

41　Letter from Sakamoto to Morgenthau, December, 1959（日付は不明）。モーゲンソーと坂本の書簡は, モーゲンソーの遺族の厚意により閲覧した。

42　坂本義和『核時代の国際政治』東京大学出版会, 1982年。坂本義和『地球時代の国際政治』岩波書店, 1990年。

43　坂本義和『人間と国家（上）』岩波新書, 2011年, 120頁。

44　この点を含めて, 坂本の考えや立場について, 彼の教えを受けた方々から貴重な情報を提供いただき, また講義ノートを入手して参考にした。

45　坂本, 前掲（『人間と国家（下）』）, 192-95頁。

46　Letter from Yoshikazu Sakamoto to Hans J. Morgenthau, May 8, 1965.

47　坂本, 前掲（「権力政治を超える道」）, 67頁。

48　坂本, 前掲（『人間と国家（上）』）, 138頁。

49　坂本義和「3年ぶりのアメリカ（上・中・下）」『毎日新聞』1967年5月17-19日。

50　本文を含め, 高坂の考えや立場についても, 彼の教えを受けた方々から貴重な情報を提供いただき, 参考にした。

51　高坂, 前掲（「現実主義の国際政治観」）, 215頁。

52　高坂, 前掲（「現実主義者の平和論」）, 48頁。

53　高坂正堯「（書評）川田侃著『帝国主義と権力政治』」『国際政治』25号, 1964年, 127頁。

54　著作集（『高坂正堯著作集第1-8巻』都市出版）は選集であるため, 高坂の著作全体の引用件数を示してはいない。

55　「〈国際シンポジューム〉極東の緊張緩和と日本の安全」『世界』1960年3月号。モーゲンソーには坂本自らが質問票を送っていた。Letter form Yoshikazu Sakamoto to Hans. J. Morgenthau, November 11, 1959.

56　坂本, 前掲（「中立日本の防衛構想」）。篠原一・坂本義和「討論 現代の外交——日本の対外政策を再検討するために」『世界』1959年6月号, 55-56頁。坂本義和「新しい国際状況の確認を——中立日本の実現を求めて」『世界』1960年3月号, 56-57頁。坂本, 前掲（「『力の均衡』の虚構」）, 42-49頁。坂本義和「アメリカ外交の思想を探る」『坂本義和集2——冷戦と戦争』岩波書店, 2004年, 104-105頁。

57 坂本義和「筆者紹介」(H・モーゲンソー「変化した国際緊張の性質」)『世界』1960年4月号，47頁。坂本，前掲(「『力の均衡』の虚構」)，46-49頁。
58 篠原・坂本，前掲(「討論 現代の外交」)，59-60頁。坂本，前掲(「新しい国際状況の確認を」)，59頁。
59 坂本，前掲(「中立日本の防衛構想」)，101頁。
60 石井修「冷戦の『五五年体制』」『国際政治』100号，1992年。
61 マイケル・コックスが指摘するように，モーゲンソーのリアリズムが1960年代始めまでに成立したのだとすると，坂本はその過程で教えを受け，帰国後もモーゲンソーと連絡をとって互いの論考を交換しており，モーゲンソーと同時進行的に自らの立場を模索したことになる。Michael Cox, "Hans H. Morgenthau, Realism, and the Rise and Fall of the Cold War," in Williams, *op. cit.*, pp. 174-75.
62 高坂正堯「平和共存と権力政治」『国際政治』25号，1964年，29-35頁および40頁。高坂正堯『海洋国家日本の構想』中央公論新社，2008年，84-107頁。
63 高坂，前掲(「平和共存と権力政治」)，41頁。高坂，前掲(『海洋国家日本の構想』)，107頁。
64 高坂，前掲(「現実主義者の平和論」)，42-44頁。
65 H・モーゲンソー「変化した国際緊張の性質」『世界』1960年4月号，47-48頁。Hans J. Morgenthau, "Has Atomic War Really Become Impossible ?," *Bulletin of the Atomic Scientists*, Vol. 12, No. 1, 1956, pp. 7-9.
66 Morgenthau, *op. cit.*, 1956, p. 7; Hans J. Morgenthau, *Dilemmas of Politics*, The University of Chicago Press, 1958, p. 276.
67 Hans J. Morgenthau, "Alliances in Theory and Practice," in Arnold Wolfers, *Alliance Policy in Cold War*, The Johns Hopkins University Press, 1959.
68 Letter from Yoshikazu Sakamoto to Hans J. Morgenthau, November 11, 1959.
69 Inis L. Claude, Jr., *Power and International Relation*, Random House, 1962, pp. 25-37.
70 Richard Littele, "The Balance of Power in *Politics Among Nations*," Williams, *op. cit.*; Richard Littele, *The Balance of Power in International Relations: Metaphors, Myths and Models*, Cambridge University Press, 2007, Chapter 4.
71 坂本義和「ヨーロッパ体制」『坂本義和集1——国際政治と保守思想』岩波

書店，2004 年，164-67 頁および 185-86 頁．
72 坂本義和『相対化の時代』岩波新書，1997 年，76-77 頁．
73 坂本，前掲（「『力の均衡』の虚構」）．
74 高坂，前掲（「現実主義の国際政治観」），282 頁．高坂正堯『古典外交の成熟と崩壊』中央公論社，1973 年も参照．
75 高坂，前掲（「現実主義者の平和論」），40 頁および 44 頁．
76 坂本，前掲（「『力の均衡』の虚構」）37-42 頁．高坂正堯『国際政治――恐怖と希望』中公新書，1966 年，22-24 頁，27-29 頁，36 頁．
77 高坂正堯の教えを受けた研究者への聞き取り（2015 年 6 月）．
78 高坂，前掲（「現実主義者の平和論」），39-40 頁および 44 頁．
79 なお，高坂は，まず勢力均衡を根拠に坂本論文を批判し，また著書『海洋国家日本の構想』で日本の展望を論じた．その後に，著書『国際政治』で勢力均衡の限界を明確化した．そのためか，高坂の勢力均衡観は当初「楽観的」であったが，「悲劇的な現実主義」へと移行したと受け止められた．関，前掲（「現実主義者の国際政治観」），44-45 頁．武者小路，前掲（「現実主義の克服」），224-25 頁．
80 Hans J. Morgenthau, *A New Foreign Policy for the United States*, Praeger, 1969.
81 モーゲンソー，前掲（「変化した国際緊張の性質」），50 頁．
82 坂本，前掲（「筆者紹介」），45 頁．
83 坂本，前掲（「中立日本の防衛構想」），122 頁．
84 たとえば，John H. Herz, "Rise and Demise of The Territorial State," *World Politics*, Vol. 9, No. 4, 1957. 相当する坂本の議論は，坂本，前掲（「権力政治を超える道」），67-68 頁．
85 坂本，前掲（『人間と国家（上）』），131 頁．
86 坂本，前掲（「権力政治を超える道」），70-74 頁．Charles E. Osgood, *An Alternative to War or Surrender*, University of Illinois Press, 1962（田中靖政・南博訳『戦争と平和の心理学』岩波書店，1968 年）．
87 坂本，前掲（「権力政治を超える道」），72-73 頁．坂本，前掲（『人間と国家（下）』），214 頁．坂本，前掲（『相対化の時代』），71-72 頁および 100-102 頁．
88 高坂，前掲（「現実主義者の平和論」），44-45 頁．高坂，前掲（「日本の外交議論における理想主義と現実主義」），528 頁．
89 高坂，前掲（「日本の外交議論における理想主義と現実主義」），528 頁．

90 同上，538-39 頁。
91 高坂，前掲（『国際政治』），68 頁。
92 同上。坂本と高坂が強く意識していた「誤認」の問題は，古典的リアリズムから今日まで，多くの研究者の関心を喚起してきた。たとえば，Richard Ned Lebow, *The Tragic Vision of Politics: Ethics, Interests, and Orders*, Cambridge University Press, 2003.
93 大嶽，前掲，78 頁。
94 高坂，前掲（「現実主義の国際政治観」），213 頁。
95 モーゲンソー，前掲（「変化した国際緊張の性質」），51 頁。
96 Hans J. Morgenthau, "The Threat to, and Hope for the United Nations," *The New York Times Magazine*, October 29, 1961.
97 坂本，前掲（『人間と国家（上）』），131 頁。

第4章
トマス・シェリングを読む坂本義和
——合理的選択論の選択的導入[1]

石田 淳

はじめに——行動科学論争の時代の緊張緩和論争

　H・ブルは，1966年，論文「国際理論——古典的アプローチ擁護論」（1966年）を発表し，その中で，国際政治学において，政治思想，歴史，国際法の知的伝統を汲む古典的アプローチと，一般命題の厳密な数理的証明や経験的検証を志向する科学的アプローチとが競合するにいたったとの現状認識を示したうえで，前者の擁護論を展開した。本章が取り上げるT・シェリング（Thomas C. Schelling, 1921〜）については，ブルは，当時のいわゆる平和研究者たちとともに，後者の急先鋒と位置付けていた[2]。この時期のシェリングの行動科学的な戦略研究に，同時代の日本の国際政治学者はどのように反応したのだろうか。一言で言えば，日本では行動科学的分析手法の有効性それ自体が論争の的となることはなかった。論争の軸は，あくまでも当時の軍備・同盟の安全保障上の効用であった。軍備管理論者として軍備縮小論者に対抗したシェリングは，日本でも防衛政策論の文脈において広く参照されたが，シェリングの戦略論の核心たるコミットメント論を同時代的に理解していたのは軍縮論者の坂本義和（1927〜2014年）であった。

　坂本義和の論文に「中立日本の防衛構想」（初出は『世界』1959年8月号）が

ある。これを，高坂正堯がその論文「現実主義者の平和論」（初出は『中央公論』1963 年 1 月号）において批判の対象としたことはよく知られる。それから半世紀余を経てあらためて複数の論者が，かつて高坂の試みた坂本との論争を相次いで取り上げた[3]。名前も挙げて直接の引用もある以上，高坂が坂本を批判の対象としたのは明らかで，それについては豊かな解釈もありえよう。だが，そこまで明らかではないのは，当の坂本は誰を批判の対象としていたのかである。それを見極めることなしには，文脈抜きの文面分析にとどまらざるをえないのではなかろうか。これが小論執筆のささやかな動機である。

　本章は，50 年代末から 60 年代半ばにかけての坂本の代表的論文である前述の「中立日本の防衛構想」と「権力政治を超える道」（初出は『世界』1966 年 9 月号）を考察の主要対象とする[4]。この二本の論考において坂本は，意図のコミュニケーションの成否に共存の鍵を見出したリアリストらしい権力政治の診断書を踏まえつつ，およそリアリストらしからぬ脱権力政治の処方箋を示した。この知的離れ業(わざ)には，当時 31 歳の坂本のただならぬ意気込みが感じられる。

　そこで本章では，まずは，リアリストであってリアリストではなかった坂本が対峙した同時代の軍備管理論を，シェリングの所論に的を絞って整理する。そのうえで次に，軍備管理論さながらの軍備縮小論として坂本の議論を性格付ける。最後に，坂本の論考で触れられなかった諸論点も確認しながら，意図のコミュニケーション論なき安全保障論はいまもなお成り立ちえないことを確認したい。

1. 意図のコミュニケーション――シェリングのコミットメント論

　国際政治学を学ぶために坂本がシカゴ大学に留学したのは，国益擁護のリアリズム（現実主義）の中に，戦略的思考が急速に浸透する時代であった。

　リアリストの議論は，国際政治の本質は《現状維持勢力と現状変更勢力との権力闘争》にあるとの立場を一貫して継承しつつも，戦間期から冷戦期にかけて少なからず変化した。第一次世界大戦の戦勝国と敗戦国とが競合した戦間期には，講和体制についての関係国の評価は歴然としており，戦勝国による肯定

と敗戦国による否定は自明だったためか，目標は現状の維持か変更かという相手国の意図の誤認についての検討はE・H・カーの『危機の二十年（*The Twenty Years' Crisis, 1919-1939*)』（初版は1939年の刊行）には見られなかった。

ところが，第二次世界大戦の二つの戦勝国が対峙した冷戦期に入ると，意図の誤認論が国際政治学の前面に出る。東西冷戦の文脈において，米ソが特定の対外政策をその個別利益によってではなく，自由主義，あるいは共産主義のイデオロギーによって正当化したことが，その意図の正確な認識をきわめて困難なものにしたからである。

《対立する利害》の不断の調整努力として外交を捉えたH・モーゲンソーは，少なくとも1954年には，外交の成否を分けるのは，「威嚇や約束の説得力（the persuasiveness of promises and threats)」であると看破していた[5]。威嚇や約束が説得力を欠いては，国家間の意図の誤認は避けがたい。現状変更勢力を現状維持勢力と誤認しては戦間期の対独宥和の失敗を繰り返すことになるが，逆に現状維持勢力を現状変更勢力と誤認しては，安全保障のディレンマが生じる。軍備にせよ同盟にせよ，国際政治における行動の選択肢の多くは，関係国間の価値配分の現状の維持にも変更にも使用できるが，特定国の意図を直接には観察することのできない関係国は，その行動から意図を推論するほかない。冷戦の文脈において，互いに相手は現状変更志向ではないかと疑う東西両陣営の間で，相手に対する不信から選択された一方の行動が，他方の不信に根拠を与える結果，両者の間に相互不信が増幅する。すなわち，相手国の不安を掻き立てることなしに，当該国の不安を拭えないのである[6]。

この系譜の議論は，その後1960年代には，D・シンガーが「［国家間で交わされる］約束や威嚇の信頼性（the credibility of the promises and threats (transmitted between nations))」という形で体系的な整理を行い，それはK・ドイッチュの教科書に紹介されるにいたる[7]。

普遍的な正義のイデオロギーが米ソの意図の正確な認識を困難にし，厳しい緊張が世界を覆う。冷戦期のこのような構図の中で，意図の誤認を解消する方途を探ったのがリアリズムであった[8]。モーゲンソーの国益擁護論はその典型例ではないだろうか。モーゲンソーは，国家の対外行動を評価するにあたって，イデオロギーのような国家の枠を超えた普遍的な動機ではなく，その帰結（特

定国の国益に資するものであるのかどうか）を重視するとした。全面的なイデオロギー対立にもかかわらず，外交的妥協と共存に道を開くのが，国益重視のリアリストの「慎慮（prudence）」なのであった[9]。

このように国国益擁護論が主流化した結果，《関係諸主体による目的達成のための手段選択》の所産として国際政治を捉える戦略論的な思考様式が国際政治学に迎え入れられる条件が整ったのである。行動科学的な戦略研究がアメリカの対外行動を事前・事後に理論的に根拠づけるようになるわけだが，核時代の戦略的理性を体現したのがシェリングにほかならない。2005年にゲーム理論への貢献によってノーベル経済学賞を受賞したシェリングの戦略論は，言明された意図についての関係国の認識に着目した《意図のコミュニケーション》論であった[10]。

モーゲンソー同様に，シェリングもまた，外交の本質は「意図のコミュニケーション（communication of intentions）」にあるとみた[11]。意図のコミュニケーションを通じて，関係国に，本来，実行するはずの行動を自制させたり，実行しないはずの行動を実行させたりして，当該国にとって好ましい価値配分を実現する権力政治過程として政治を捉えたのである。

その戦略的思考の凝縮は，以下の，「防御的兵器」論と，「威嚇と約束のトレードオフ」論にみてとれるだろう。

(1)「防御的」兵器論──コミットメントの相互依存

武装して対峙する二国が，互いに攻撃を自制するのはなぜか。

シェリングは，スプートニック・ショック（1957年）以降，奇襲攻撃に対してアメリカの第二撃戦力が脆弱であることが認識され，一段と熾烈化してゆく米ソの軍備競争の時代に，軍備縮小論に対抗した軍備管理論の代表的理論家であった。その関心の対象は，軍備を量的に削減することよりも，武力行使に踏み切る「誘因（incentives）」を縮小することにあった[12]。この軍備管理論の文脈の中で彼が展開した防御的兵器論に，戦略的理性の本質が垣間見える。それは国民の生命，自由，幸福追求の諸権利を守り抜く兵器が防御的兵器だというような感覚的な議論とはおよそ無縁のものだった。以下に引用する通り，シェリングは人間の安全の確保には兵器の安全こそが必要だとしたのである。この

第4章　トマス・シェリングを読む坂本義和

図 4-1　説得力のない約束

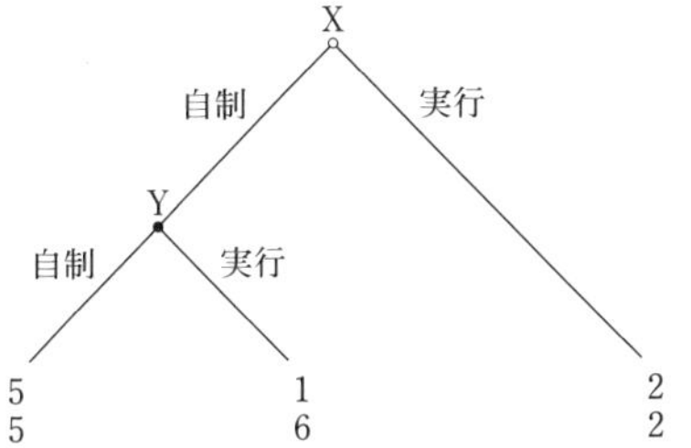

```
              X
         自制/ \実行
           Y
       自制/ \実行
         5   1   2
         5   6   2
```

議論が同時代人に与えた衝撃は，想像するにあまりある。

> 奇襲攻撃を避けるには，まずもって，人間の安全ではなく兵器の安全を図らなければならない。……人間を殺傷するだけで，敵の打撃力は全く破壊することのない兵器こそきわめて防御的な兵器である。というのも，その兵器の保有国には，それを先制使用する動機が生まれないからである[13]。

武装して対峙するいずれの国家も，相手国を事前に武装解除できる——すなわち，相手国の反撃の威嚇の説得力を奪う——兵器を持たなければ，それぞれが反撃の威嚇によって相手国の攻撃を抑止できることになるから，不安にさいなまれることなく互いに攻撃を自制できるとする論理である。兵器の保有量を削減しさえすれば平和を実現できるわけではない。平和の実現には，相手国から反撃の威嚇の説得力を奪う兵器を保有しないことが必要だとした。簡単なゲーム・モデルに翻訳して，この論理を確認しておこう。

図 4-1 に示すように，両国には攻撃の「実行」と「自制」の二つの選択肢があるとしよう。両国の行動選択の結果，発生しうる事態は三つある。X が「実行」を選択すれば「戦争」という事態が実現する。X が「自制」を選択すれば Y に手番が回り，Y が「実行」を選択すれば「Y に有利な現状変更」という事態が，「自制」を選択すれば「現状」という事態が実現するとしよう。各アウトカムにおける両国の利得は，図に X の利得，Y の利得の順に示してある（たとえば，X が「実行」を選択することによって実現するアウトカムにおいて，X は利得 2, Y は利得 2 を得る）。この状況下では，両国にとって，「現状」が「戦

97

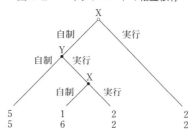

図4-2 コミットメントの相互依存

争」以上に好ましいにもかかわらず，関係国の意図が正確に認識される限り，両国の合理的選択の結果として「戦争」が勃発する[14]。

　しかしながら，図4-2に示すように，Yが「実行」を選択してもそこでゲームは終了せず，Xに二度目の手番が残されていて，Xが「実行」を選択すれば「戦争」という事態が，「自制」を選択すれば，「Yに有利な現状変更」という事態が実現するとしよう。このゲームにおいては，両国の合理的選択の結果として「現状」を維持できる[15]。

　なぜだろうか。図4-1のゲームにおいて，Yが「自制」を選択すると確約することができれば，両国は共通の利益たる「現状」を実現できるだろうが，「自制」はYの自己利益に反することはXも了解しているので，Xの「自制」には「自制」を以て応じるとするYの約束型のコミットメントが実行に移されるだろうという認識をXは持たない。したがって両国にとって共通の不利益という意味で不合理な「戦争」が勃発する。つまり，（Yにとっての）最悪事態である「戦争」が生じるのではないかというYの不安を払拭するには，（Xにとっての）最悪事態である「Yに有利な現状変更」が生じるのではないかというXの不安を払拭しなければならないが，Yは（Xにとっての）「最悪事態」が生じることはないとXに約束して「安心供与」することはできないので，Yの不安が現実のものとなる。

　これとは対照的に，図4-2のゲームにおいては，Yの約束型のコミットメント——Xの「自制」には「自制」を以て応じるとする意図の言明——は実行に移されるだろうという認識をXが持つ。というのも，二度目の手番におけるXの威嚇型のコミットメント——Yの「実行」には「実行」を以て応じるとす

る意図の言明——は，Xの自己利益に合致することをYも了解しているので，確実に実行されるだろうという認識をYが持つからである。つまり，Yの手番から始まる部分ゲームにおいて，Xは（Yにとっての）「最悪事態」である「戦争」につながる「実行」も辞さないという威嚇によって，（Xにとっての）「最善事態」につながる「自制」の選択を強制できる。この意味において，Yの約束型のコミットメントの信頼性と，二度目の手番におけるXの威嚇型のコミットメントの信頼性の間に相互依存関係が存在するのである。さらに言いかえれば，YによるXに対する《安心供与の成否》は，XによるYに対する《抑止の成否》に依存していることになる。

もしXを事前に武装解除できる兵器がYにあれば，図4-2のXの二度目の手番における「実行」の威嚇に説得力は生まれず，したがってYの手番における「自制」の約束に説得力が生まれない（言いかえれば，Yに先制の誘因が生まれる）ので，Xは一度目の手番において「実行」を選択する結果，戦争が発生する。このように，シェリングの防御的兵器論は，対峙する関係国の対外的なコミットメント（一方の威嚇と他方の約束）が相互に依存していることを論証するものであった。

シェリングによれば，「抑止の安定性の達成とは……恐怖の均衡を「慎慮の均衡（balance of prudence）」によって置き換える努力」とも言いうるものであった[16]。

(2) 抑止力整備と安全保障のディレンマ——コミットメントのトレードオフ

シェリングの議論はこれにとどまらない。反撃の威嚇の説得力をめぐるシェリングの戦略的思考をさらに追跡しよう。

反撃の威嚇によって，当該国に対する攻撃を自制させるのが抑止の基本型だが，反撃の威嚇によって，当該国の同盟国に対する攻撃を自制させる政策を拡大抑止という。要するに，拡大抑止では，攻撃が抑止される領域的範囲が，当該国からその同盟国も含む当該国陣営に拡大するのである。冷戦期の拡大抑止の文脈において，シェリングは，反撃の実行によって相手国の攻撃を排除するには小規模な兵力であっても，同盟国に平時から常時駐留していれば，相手国の攻撃によって駐留兵力にただちに犠牲が発生するので，反撃の威嚇によって

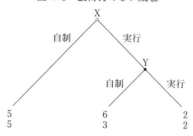

図 4-3 説得力のない威嚇

相手国の攻撃を自制させることができるとした。なぜなら,「仕掛線 (tripwire)」としての駐留兵力に犠牲が発生する限り, 当該国には事前の威嚇——攻撃には反撃をもって応じるという威嚇——を事後に撤回する自由はないことは相手国にも明らかなので, 事前の威嚇が確実に実行されるだろうという認識が相手国に生まれるからである[17]。

再び簡単なゲーム・モデルに翻訳して, この論理を確認しておこう。

図 4-3 に示すように, 引き続き両国には攻撃の「実行」と「自制」の二つの選択肢があるとしよう。両国の行動選択の結果, 発生しうる事態は三つある。X が「自制」を選択すれば「現状」という事態が実現する。X が「実行」を選択すれば Y に手番が回り, Y が「実行」を選択すれば「戦争」という事態が,「自制」を選択すれば「X に有利な現状変更」(Y による X の宥和)という事態が実現するとしよう。各アウトカムにおける両国の利得は, 図に示した通りである。たしかに X による「自制」と Y による「実行」との組み合わせは, 互いに相手の戦略に対して自らの利得を最大化する最適応答戦略の組み合わせ(それゆえに,《いずれのプレイヤーにも一方的に戦略を変更する誘因のない戦略の組み合わせ》としての「ナッシュ均衡」)ではある。しかし, Y による「実行」は自己利益に反するので,「実行」には「実行」を以て応じ, X にとっての最悪事態である「戦争」の実現も辞さないとする Y の威嚇に説得力はないので, 両国の合理的選択の結果として実現する行動の組み合わせとは考えられない。つまり, Y は X を抑止できない[18]。

しかしながら, 図 4-4 のように, Y には事前の威嚇を事後に撤回する自由はなく, 実質的に「実行」以外に選択できないとすればどうなるだろうか。X が

第4章　トマス・シェリングを読む坂本義和

図 4-4　自己拘束の効用

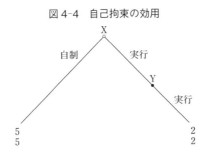

「実行」を選択すれば確実に「戦争」という事態が発生するとすれば、Xにとっては「自制」こそが賢明な選択となる。このように合理的選択の結果として「現状」を維持できる。

　この議論の背後にあったのが、シュリングの「交渉力 (bargaining power)」論にほかならない。たとえば、立法府の同意のもとに外国政府と交渉する行政府は、その立法府が方針を変更することなどおよそありえない場合に、相手国政府に対して断固たる交渉姿勢をとることができるだろう。また、係争点に関して国内において事前に声明を発表して、交渉のテーブルにおける対外的譲歩を難しくするような国内世論を喚起できるならば、交渉において有利な地位につくことができるだろう。さらに、民主主義国の政府は、国際交渉の道具として国内世論による制約を利用して、交渉のテーブルにおいて譲歩をしないというコミットメントに信憑性を確保することができるだろう[19]。

　すなわち、行動の選択肢の幅を拡げておくことがつねに好ましい結果の実現につながるものではない。むしろ、行動の選択肢の幅を狭めておくことで、相手国の戦略に対する最適応答として譲歩に追い込まれることを未然に防げるとシェリングは論じたのである。

　では、図 4-3 とは異なり、図 4-5 に示すように、Yの反撃の威嚇に説得力があるならば確実に現状を維持できるというものだろうか。たしかに図 4-5 においては、Yの威嚇型のコミットメント——「実行」を選択するという意図の言明——はYの自己利益に合致するのでその威嚇が実行に移されるだろうという認識がXに生まれるため、合理的選択の結果、「現状」が実現する。

　しかしながら、Yの反撃に説得力があるだけでは十分ではない。図 4-6 に示

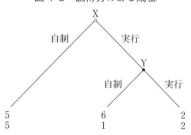

図 4-5 説得力のある威嚇

すように、Xが「自制」を選択してもそこでゲームが終了せず、Yに手番が回り、Yが「実行」を選択すれば「Yに有利な現状変更」という事態が、「自制」を選択すれば「現状」という事態が実現するとしよう。もしYが、Xの「実行」には「実行」を以て応じ、Xの「自制」には「自制」を以て応じると、説得力のある形でその意図を言明できれば「戦争」を回避できるだろうが、Xの「実行」には「実行」を以て応じるとするYの威嚇型のコミットメントはその自己利益に合致するものの、Xの「自制」には「自制」を以て応じるとするYの約束型のコミットメントはその自己利益に反するので、XはYの約束が実行に移されるという認識を持つことはない。合理的な選択の結果、不合理な戦争が発生するのである[20]。

このように、威嚇型のコミットメントと約束型のコミットメントにトレードオフが生じる場合には、反撃の威嚇に説得力があるだけでは価値配分の現状を維持できるものではない。相手に特定の行動を自制させたり実行させたりする強制型の威嚇には、威嚇に対応する約束が必要なのである[21]。

すなわち、抑止力の整備も安全保障のディレンマを惹起しかねない。抑止政策の陥穽は、反撃の威嚇に説得力があればあるほど、攻撃自制の約束に説得力がなくなることにほかならない。この洞察は、現状維持を意図する行動が現状変更を意図する行動と誤認されると安全保障のディレンマが生じるという意味ではモーゲンソーの議論であったのみならず、ここで確認したようにコミットメントのトレードオフという意味ではシェリングの議論でもあったのである。

さらにこの議論を突き詰めると、制限された現状変更を意図する行動も、制限されない現状変更を意図する行動として誤認されるがゆえに、武力による威

図4-6 コミットメントのトレードオフ

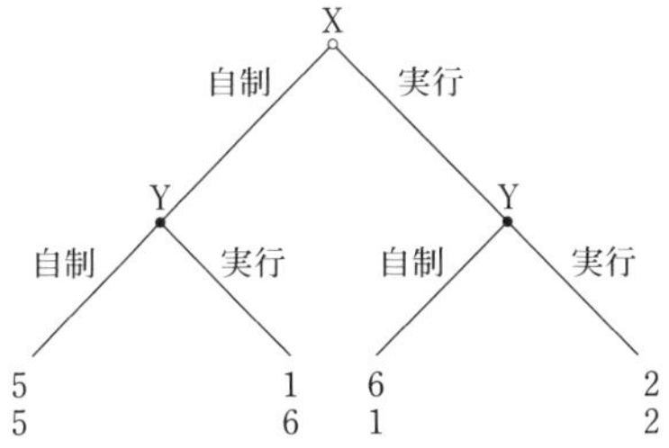

```
            X
        自制 / \ 実行
          Y     Y
      自制/\実行 自制/\実行
       5   1   6   2
       5   6   1   2
```

嚇を背景とする現状の変更（「強要（compellence）」）は，どれほど制限されたものでさえ（制限されていれば，なおさら）現状の維持以上に困難だとする議論に行きつくことにも付言しておきたい[22]。

2. 軍備管理論と軍備縮小論の架橋——坂本義和のコミットメント論

　行動科学の一翼を担ったシェリングの戦略研究は，日本ではどのように受けとめられたのだろうか。それは同時代的には日本国際問題研究所を中心に広く読まれた（本章の注12，13参照）が，その核心たるコミットメント論にいち早く反応したのは坂本義和であった。

（1）防御的安全保障構想

　坂本が総合雑誌『世界』において発表した「中立日本の防衛構想」（1959年）は，非武装論ではないものの中立論であるがゆえに「理想主義」的であるとされることがあった。しかし，日米同盟を解体したうえで，中立国が兵員を提供する国連警察軍が日本に平時から常時駐留し，その下に規模を縮小した自衛隊を置くとする防衛構想について，その坂本が，駐日国連軍は「完全に防衛的性格のものであることが誰の眼にも明らか」（強調は原文のまま）であると強調している部分は見逃せない[23]。専門家のディスコースに不案内な総合雑誌の一般読者ならばともかく，坂本がここでシェリングの防御的兵器論を意識していることは専門家には一目瞭然であろう。

すなわち，国連警察軍はもとより，自衛隊にしてもその指揮下に置かれる限り，防衛を意図するものであることは明らかであるがゆえに，同盟の場合とは異なり，安全保障のディレンマの深刻化に帰結することのない——言い換えれば，関係国の不安を掻き立てることなく，当該国の不安を拭い去る——軍備たりうると論じているのである。というのも，中立国から成る国連警察軍が冷戦の文脈における潜在的な敵国を事前に武装解除することは考えられないからである。

　そのうえで，日本に国連警察軍が平時から常時駐留するならば，日本に配備される兵力が共産圏への攻撃のために使われるのではないかと疑う勢力にとっては対日攻撃は不必要となり，日本に配備される兵力が共産圏からの攻撃を排除するためには使われないのではないかと疑う勢力にとっては対日攻撃は不可能となる（少なくとも不利となる）と整理した。まさに，この防衛構想こそ相手国の不安を掻き立てることなく，当該国（日本）の不安を払拭できる，すなわち，攻撃自制の約束の説得力を損うことなく，反撃の威嚇の説得力を備えた防御的な安全保障構想たりうると考えたのである。坂本はこのように，仕掛線としての国連警察軍駐留が，関係国によってどのように認識され，そしてその認識に基づいて関係国がどのように行動し，その帰結として，はたして国民の生命を保障するという政治責任が果たされるのかを見通したうえで「現実の国連になしうることが」，平和維持の上でつねに「同盟に劣るかいなか」と問題を設定して比較衡量したのである[24]。

　坂本は，「中立日本の防衛構想」後も兵器の防御的な性格には関心を持ち続けた。「権力政治を超える道」の中でも次のように述べている。キューバ危機後のアメリカによるトルコからのミサイル撤去の政治的な意味を考察する文脈において，アメリカが，固定式のミサイルであるために第一撃以外に役に立たないミサイルをトルコから撤去して，第二撃兵器たる潜水艦搭載のミサイルを地中海に配備したことに触れている[25]。

　専門家であれば誰もがここから連想するのは，シェリング以来の以下の議論であろう。すなわち，潜水艦搭載のミサイルのように，当時の軍事技術をもってすれば必ずしも命中精度は高くないために，「報復のための兵器を破壊することはできないものの，非戦闘員には損傷を与えることのできる兵器」が防御

的兵器に該当するという議論である。というのは、そのような性格を具備した兵器は、先制攻撃を自制するという約束の信頼性を損なうことなく、攻撃には反撃するという威嚇の信頼性を確保できると考えられたからである[26]。

坂本は、シェリング的な防御的兵器論を展開するだけにとどまらなかった。さらに踏み込んで、「攻撃の意図がないということを言葉で述べるだけではなく、攻撃的な政策をとらないという行為［を行った――引用者注］」（強調は引用者）との解釈を加えている。異なる意図を持つ国家も同一の言葉を使う誘因を持つ限り、その言葉から意図は推論できないが、異なる意図を持つ国家が異なる行動をとる誘因を持つならば、その行動から意図を推論できるという論理である[27]。一方の行為が、その背後にある意図について他方がもつ認識に影響を及ぼすシグナルとして機能するとも言い換えられるだろう。行動を通じて意図のコミュニケーションを図る、というこの論理を正面から展開したのが、「権力政治を超える道」における軍縮の一方的イニシアティヴ論であった。

(2) 軍縮の意図のコミュニケーション

「権力政治を超える」は、「権力政治を超える道」の著者・坂本の研究の修飾語とすらなった感があるが、坂本自身は、権力政治を無視するどころか、むしろ権力政治に内在する逆説やディレンマを直視する姿勢をとった。社会的価値の配分に介在する権力関係一般を否定していたわけではない。このことは、緊張緩和のイニシアティヴをとることによって、本来、緊張緩和行動をためらう相手国にも緊張緩和に向けて歩を進めさせる権力政治過程に強い関心を持っていたことからもみてとれる。

このような議論を展開することを通じて彼が挑戦を試みたのは特定の権力政治観であった。すなわち、国家が、好ましい価値配分を実現するための手段としての権力を自発的に放棄するようなことなどありえないという権力政治観である。その典型を、彼はモーゲンソーによる国家行動の類型化にみた。モーゲンソーは、国益の実現と国力の増大とを等置したために、国家の行動の選択肢として、価値配分の現状維持をはかる政策と、相手国の譲歩を迫る政策とを想定したが、自発的に譲歩する政策はその想定の外に置いた。坂本は、むしろ自発的な譲歩によって国家間の共通の利益が確保される状況もありうると考えた。

それが,「権力政治を超える道」において彼が展開した緊張緩和の一方的イニシアティヴ論であった。

　二国間において軍備競争が発生するのはなぜか。それは,「囚人のディレンマ」モデルが想定するように,当事国は相互に意図を正確に把握してはいるものの,結局のところ,いずれの国家にも軍備を放棄する誘因が働かないからなのであろうか。必ずしもそうであるとは限らない。当事国の間において,相互に意図を正確に把握できないがゆえに,現実にはいずれも軍縮条約を遵守する意思を持つにもかかわらず,一方の遵守の確約に他方が不信を持つことも,軍備競争の発生原因となりうる。それはちょうど,当事国の間において,相互に意図を正確に把握していないがゆえに,現実にはいずれも攻撃には反撃をもって応じる意思を持つにもかかわらず,一方の反撃の威嚇に他方が疑念を持つことが,抑止の破綻の発生原因となりうる構図と同じである。では前者のような状況のもとで,どのように信頼を醸成し,軍縮を実現して,緊張を緩和することができるだろうか[28]。これが坂本の課題であった。

　ここで坂本の議論をさらに追う前に,その前提を確認しておこう。すなわち,威嚇にせよ約束にせよ,それが説得力を持たなければ関係国の間に不合理が生じるのである。

　まず,すでに見た図4-3と図4-5を振り返ってみよう。Xは,それの対峙するYが図4-5に表現された選好を持つと認識すれば,Yの「実行」の威嚇は説得力を持ち,Xにとっては「自制」が賢明な選択となる。これに対して,Xは,それが対峙するYは図4-3に表現された選好を持つと認識すれば,Yの「実行」の威嚇は説得力を欠き,Xには「実行」を選択する誘因が生まれる。このように,Yの「実行」(Xに最悪事態をもたらす行為)の威嚇によって,Xに「自制」(Yに最善事態をもたらす行為)を強制する抑止政策の成否は,Yの意図に関するXの認識に依存する。実際にはXはYの意図を観察できないのみならず,「実行」を意図しないタイプのYも,意図するタイプであるとXに認識させることによって最善の事態を実現できるので,意図するタイプを偽装する誘因を持つ。したがって,たとえYが実際に「実行」を意図していたとしても,Yによる「実行」の威嚇にXが疑念を持てば,両国は不合理な「戦争」に突入する。

第4章　トマス・シェリングを読む坂本義和

図4-7　説得力のある約束

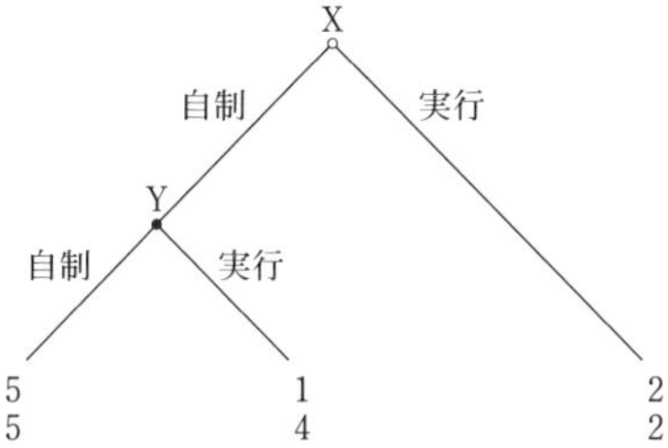

```
            X
           / \
        自制   実行
         /     \
        Y       \
       / \       \
    自制   実行    \
     /     \      \
    5       1      2
    5       4      2
```

　同様に，すでに見た図4-1に加えて，図4-7における相互作用を考察しよう。Xは，それの対峙するYが図4-7に表現された選好を持つと認識すれば，Yの「自制」の約束は説得力を持ち，Xには「自制」を選択する誘因が生まれる。これに対して，Xは，それが対峙するYは図4-1に表現された選好を持つと認識すれば，Yの「自制」の約束は説得力を欠き，Xにとっては「実行」が賢明な選択となる。このように，Yの「自制」（Xの最悪事態を回避する行為）の約束によって，Xに「自制」（Yの最悪事態を回避する行為）を促す安心供与政策の成否は，抑止政策の成否と全く同様に，Yの意図に関するXの認識次第である。実際にはXはYの意図を観察できないのみならず，「自制」を意図しないタイプのYも，意図するタイプであるとXに認識させることによって最悪事態を回避できるので，意図するタイプを偽装する誘因を持つ。したがって，たとえYが実際に「自制」を意図していたとしても，Yによる「自制」の約束にXが疑念を持てば，両国は不合理な「戦争」に突入する。

　では，この後者の状況のもとで両国は信頼を醸成して緊張を緩和することができるだろうか。坂本が言う「一方的イニシアティヴ論」とは，キューバ危機以降の米ソ間の緊張緩和過程に見られたように，まずYが，緊張緩和を意図するならば，その意図を伝達するために，その安全を損なわない程度に「自制」を選択すると，この行動がXのYに対する不信をやわらげ，Xもその更新された認識に基づいて，「自制」という行動によってYの緊張緩和のイニシアティヴに応答する可能性が開けるというものである。坂本は，ソ連によるキューバからのミサイルの撤去というイニシアティヴに対して，アメリカがトルコからのミサイルの撤去をもって応じ，それが米ソ間のホットライン協定に結

実したとするのである。

　この「一方的イニシアティヴ論」は，心理学者 C・オズグッドのいわゆる GRIT（Graduated and Reciprocated Initiative for Tension Reduction）論を下敷きにするものであったが，ゲーム理論の手法を用いた安心供与論の近年における展開を一世代以上，先取りしたものとも読むこともできるだろう[29]。

おわりに──抑止と安心供与

　武装して対峙する諸国家にとって，国家間の価値配分の現状に対する脅威を削減して安全を確保するには，現状変更行動の自制の約束と，現状変更行動の排除の威嚇に説得力が必要である。しかしながら，関係国の認識を操作することによって利益が生まれる以上，国家間の意図のコミュニケーションは困難を極める。

　この意図のコミュニケーションの不全は国家間に不合理をもたらす。競合する国家間では「安全保障のディレンマ」という形をとり，連携する国家間では「同盟のディレンマ」という形をとるが，その本質はかわらない。

　熾烈化する米ソの軍備競争の時代に，安全保障の処方箋が備えるべき慎慮をめぐり対峙したのは軍備縮小論者と軍備管理論者であった。軍備管理論者は，軍備の量的削減によって安全を確保できるとする軍備縮小論を批判し，武力行使の誘因を削減しなければ安全は確保できないとする慎慮を説いた。たしかに，武力行使の誘因がかえって増大するような軍備縮小論は，帰結についての慎慮を欠くものだろう。とは言え同様に，一定量の軍備を維持しても軍備使用の誘因は生まれないとする楽観もまた，慎慮とは無縁のユートピアニズムである。

　本章において検討したように，「中立日本の防衛構想」「権力政治を超える道」の二論考において，坂本義和がシェリングに代表される同時代の軍備管理論を強く意識していたことはその文面から間違いない。坂本は安全保障の両輪は抑止と安心供与であるとみて，シェリングのコミットメント論は受容したが，緊張緩和への悲観は共有しなかった。そこであえて，国家間の意図のコミュニケーションに留意しつつ，1959 年の「中立日本の防衛構想」においては防御

第4章　トマス・シェリングを読む坂本義和

的安全保障を構想し，1966年の「権力政治を超える道」においては軍縮に向けた意図のコミュニケーションを通じた緊張緩和を説いたのではないか。この時期の坂本は，シェリングの名を挙げずにシェリングに挑み続けた。

　たしかに，坂本は，「中立日本の防衛構想」においては駐日米軍がアメリカの同盟国に対して持つとされた安心供与効果の妥当性についてまで分析を広げることはなかったとも言える[30]。たとえば，日本の本格的再軍備の代替案としての米軍の日本駐留は，日本が再びアメリカの同盟国（たとえば，オーストラリアやニュージーランド）の安全を脅かすことはないという約束に説得力を確保しつつ，日本の安全を脅かす動きはそれを排除するという威嚇に説得力を確保する効果を持つという「瓶の蓋」論。さらに，アジア太平洋におけるハブ・アンド・スポークスの同盟構造の中で，韓国・台湾の見捨てられる不安を掻き立てることなく，日本の巻き込まれる不安は解消できないとする「拡大する同盟のディレンマ」論[31]。坂本ならばどのように答えるのだろうか。

　しかしながら，そのような疑問が意味を持つのも，あくまでも坂本の同盟解体論と軍備縮小論の論理構造を確認したうえでのことである。国家間における意図の誤認を回避する方途を説いた坂本の意図が一部において誤認されたのは何よりも皮肉としか言いようがないが，意図のコミュニケーション論を軸に日本の安全保障を考える限り，坂本義和との対話はこれからも続く。

注
1　本章には，石田淳「動く標的——慎慮するリアリズムの歴史的文脈」『国際政治』175号，2014年と重なる部分がある。
2　Hedley Bull, "International Theory: The Case for a Classical Approach," *World Politics*, Vol. 18, No. 3, 1966, p. 362. なお，Hedley Bull, "Strategic Studies and Its Critics," *World Politics*, Vol. 20, No. 4, 1968 も参照。
3　苅部直「未完の対論——坂本義和・高坂正堯論争を読む」飯尾潤・苅部直・牧原出編著『政治を生きる——歴史と現代の透視図』中央公論新社，2012年，細谷雄一『国際秩序——一八世紀ヨーロッパから二一世紀アジアへ』中公新書，2012年，酒井哲哉「戦後の思想空間と国際政治論」酒井哲哉編『日本の外交　第3巻——外交思想』岩波書店，2013年など。

4 両論文とも，坂本義和の没後に編まれたベスト・セレクション，坂本義和『権力政治を超える道』（解説 中村研一）岩波現代文庫，2015年に所収。なお，「権力政治を超える道」については，のちに発表された「政治としての軍縮」『坂本義和集 5 ―― 核対決と軍縮』岩波書店，2004年，所収に包摂される点（とくに，一方的イニシアティヴ論）が多いことから，著作集への収録は見送られた。
5 Hans J. Morgenthau, *Politics among Nations: The Struggle for Power and Peace*, Second Edition, Revised and Enlarged, Alfred A. Knopf, 1954, p. 315（原彬久監訳『国際政治 ―― 権力と平和（中）』，岩波文庫，2013年，353頁）。モーゲンソーは，実力なき外交は無効だが，外交なき実力は挑発となりうるとも述べている。Hans Morgenthau, *In Defense of the National Interest: A Critical Examination of American Foreign Policy*, Alfred A. Knopf, 1951, p. 200（鈴木成高・湯川宏訳『世界政治と国家理性』創文社，1954年，201頁）。
6 Morgenthau, *Politics among Nations*, Second Edition, p. 63（原彬久監訳『国際政治（上）』，182頁）。この議論の原型は，初版（1948年）の46頁において確認できる。モーゲンソーは「一方の恐怖が他方の恐怖の根拠となる」とし，坂本は「こちらの不信が相手側の不信を助長する」とする。坂本「権力政治を超える道」，68頁（岩波現代文庫版，127頁）。
7 J. David Singer, "Inter-Nation Influence: A Formal Model," *American Political Science Review*, Vol. 57, No. 2, 1963, とくに p. 427. Karl W. Deutsch, *The Analysis of International Relations*, Prentice-Hall, 1968, pp. 134-37.
8 意図の誤認の解消にリアリズムの価値を見出すという点において，坂本と高坂の間には見解の相違はない。高坂正堯『古典外交の成熟と崩壊』中央公論社，1978年，272頁（中公クラッシックス版では，第Ⅱ巻127頁）。
9 Morgenthau, *Politics among Nations*, Second Edition, pp. 7, 9（原彬久監訳『国際政治（上）』，51頁および57頁）。イデオロギー対立という歴史的文脈抜きには，妥協と共存のリアリズムは理解できないとするのが，坂本義和のモーゲンソー理解である。坂本義和「モーゲンソー」『世界大百科事典 第14巻』平凡社，1985年，900頁。永井陽之助は，目的と手段との倒錯，あるいは意図と結果とのギャップとして「愚行」を捉え，その対極に「自己のもつ手段の限界に見あった次元に，政策目標の水準をさげる政治的英知」を置くが，この政治的英知とはリアリストの prudence 概念のことと思われる。永井陽之助『現代と戦略』文藝春秋，1985年，328頁および352頁。なお，シェリングは「思慮深い英知（prudential wisdom）」という表現も用いている。

Thomas C. Schelling, "What Went Wrong with Arms Control?" *Foreign Affairs*, Vol. 64, No. 2, 1985, p. 220.

10 シェリングの『紛争の戦略』の全体的評価については，Roger B. Myerson, "Learning from Schelling's Strategy of Conflict," *Journal of Economic Literature*, Vol. 47, No. 4, 2009 も参考になる。

11 Thomas C. Schelling, *Arms and Influence*, New Haven: Yale University Press, 1966, pp. 35-36.

12 Thomas C. Schelling and Morton H. Halperin, *Strategy and Arms Control*, The Twentieth Century Fund, 1961, p. 3. 高坂正堯も，軍備管理論と軍備縮小論の対抗関係を説明する文脈でシェリングを紹介しているが，さらに踏み込んで，意図のコミュニケーションにかかわるシェリングの所論の妥当性を検討することまではしていない。高坂正堯「歴史的概観」高坂正堯・桃井真共編『多極化時代の戦略（上）――核理論の史的展開』日本国際問題研究所，1973 年，14-15 頁。

13 Thomas C. Schelling, "Surprise Attack and Disarmament," RAND P_1574 (10 December, 1958). 同論文は，*Bulletin of the Atomic Scientists*, Vol. 15, No. 10, 1959, pp. 413-418 に掲載されたほか，Klaus Knorr, ed., *NATO and American Security*, Princeton University Press, 1959 や，Thomas C. Schelling, *The Strategy of Conflict*, Harvard University Press, 1960, Chapter 10 にも収められ，同時代的に異例とも言えるほど広く読まれた。日本では，トーマス・C・シェリング「軍備の安定に必要な相互措置」D・G・ブレナン編，小谷秀二郎訳『軍備管理・軍縮・安全保障』鹿島研究所・日本国際問題研究所，1963 年に所収，とくに，191 頁。後に永井陽之助は，1980 年代のSDI（戦略防衛構想）について，「完全な専守防衛型システムが完成されたあかつきこそ，人類は，核戦争の淵にたたされるときであろう」と述べているが，シェリングの防御的兵器論を踏まえたものであろう。永井『現代と戦略』，118 頁。

14 このゲームの部分ゲーム完全均衡は，X による「実行」と，Y による「実行」の組み合わせである。

15 このゲームの部分ゲーム完全均衡は，X による一度目の手番での「自制」，二度目の手番面での「実行」，そして Y による「自制」の組み合わせである。

16 Schelling and Halperin, *Strategy and Arms Control*, p. 59. シェリングらは，核抑止の安定には，先制攻撃や軍備増強が有利にならないようにすること，判断の誤算や意図の誤認があってもシステムが破綻しないようにすること，

動員や開戦の決定に時間的な余裕を確保すること，誘因構造を調整して，お互いを破壊するリスクのある行動に踏み切らないようにすることなどが必要だとした。永井陽之助も，『平和の代償』において，シェリングらの「慎慮の均衡」という概念を繰り返し用いている。永井陽之助『平和の代償』中央公論社，1966年（中公クラシックス版では，210, 222, 225, 227頁）。

17　Schelling, *The Strategy of Conflict*, p. 136n. シェリングは，駐欧米軍を，ヨーロッパでの参戦をアメリカは躊躇しないことをソ連に示すために同盟国に差し出した「人質」であったと解釈している。ソ連が武力による現状変更に踏み出せば，駐留米軍に犠牲が出るので，アメリカはソ連への反撃の威嚇を断行することになるが，これは同時に，同盟国への約束も履行することになるから，駐留米軍は威嚇と約束の二重のコミットメント装置にあたるという論理である。Schelling, *Arms and Influence*, p. 46. 小規模の兵力駐留は巻き返しの先制攻撃を行うには不十分であることも考えあわせて，安全保障のディレンマを惹起することのない安全保障体制（すなわち，先制攻撃を自制するとの約束と，攻撃に対しては断固反撃するとの威嚇のいずれにも説得力を与える体制）と性格づけることもできたかもしれないが，そのような論理の展開は見られない。

18　このゲームの部分ゲーム完全均衡は，Xによる「実行」と，Yによる「自制」の組み合わせである。

19　Schelling, *The Strategy of Conflict*, p. 28. シェリングが1960年に素描したわずか数行の直観は，1980年代の二層ゲーム論と，1990年代の国内観衆費用論に着想を与えた。その後のアメリカ国際政治学の展開に，経済学者の彼ほど影響を与えた政治学者はいない。Robert D. Putnam, "Diplomacy and Domestic Politics: the Logic of Two-Level Games," *International Organization*, Vol. 42, No. 3, 1988, p. 440; and James D. Fearon, "Domestic Political Audiences and the Escalation of International Disputes," *American Political Science Review*, Vol. 88, No. 3, 1994, p. 587.

20　この部分ゲーム完全均衡は，Xによる「実行」と，Yによる「実行－実行」（Xが「自制」を選択して到達する手番における「実行」と，Xが「実行」を選択して到達する手番における「実行」）の組み合わせである。

21　Schelling, *Arms and Influence*, p. 74.

22　E・ルアードは，［価値配分の現状の］「変更を強要するために武力を用いるよりも，それを阻止するために武力を用いるほうが簡単だ」とした。Evan Luard, "Conciliation and Deterrence: A Comparison of Political Strategies in the Interwar and Postwar Periods," *World Politics*, Vol. 19, No. 2, 1967, p. 176. R・ジャーヴィスも,「現状の変更よりも防衛のほうが簡単だ」とした。Robert Jervis, *Perception and Misperception in International Politics*, Princeton University Press, 1976, pp. 79, 112.

23 坂本義和「中立日本の防衛構想」, 引用箇所は 45 頁(岩波現代文庫版, 87 頁)。駐日国連軍については, 中立諸国による部隊派遣が想定された。ここで想起されたのは, 第二次中東戦争の際に, 国連総会が 1956 年 11 月 4 日, その決議 998(国連文書 A/RES/998)によって設立した国連緊急軍(UNEF)であった。それは, 関係国の同意に基づき, 停戦を監視することをその任務としていた。

24 坂本「中立日本の防衛構想」, 44-45 頁(岩波現代文庫版, 85-86 頁)。なお, 坂本はリアリストの好む「慎慮」ではなく,「国民の生命を保障する…政治責任」を論じた。前掲論文 34 頁(岩波現代文庫版, 62 頁)。この点については中村研一北海道大学名誉教授の卓見によるところが大きい。

25 坂本「権力政治を超える道」, 74 頁(岩波現代文庫版, 142 頁)。

26 Schelling, *The Strategy of Conflict*, p. 233; and Robert Jervis, "Cooperation under the Security Dilemma," *World Politics*, Vol. 30, No. 2, 1978, pp. 206-207.

27 坂本「権力政治を超える道」, 74 頁(岩波現代文庫版, 142 頁)。

28 現状変更行動について, その自制の約束に説得力がないことが原因で発生する戦争の回避には安心供与が必要となるのに対して, その排除の威嚇に説得力がないことが原因で発生する戦争の回避には抑止が必要となる。強制(抑止と強要を含む)と安心供与の概説については, 中西寛・石田淳・田所昌幸『国際政治学』有斐閣, 2013 年, 第 3 章。

29 Charles Osgood, *An Alternative to War or Surrender*, University of Illinois Press, 1962(田中靖政・南博訳『戦争と平和の心理学』岩波書店, 1968 年)。ゲーム理論の手法を用いてオズグッドの GRIT 論を合理的選択論として再定式化した意欲的な試みに, Andrew Kydd, "Trust, Reassurance, and Cooperation," *International Organization*, Vol. 54, No. 2, 2000 がある。ほかに, 石田淳「外交における強制の論理と安心供与の論理――威嚇型と約束型のコミットメント」法政大学比較経済研究所・鈴木豊編『ガバナンスの比較セクター分析――ゲーム理論・契約理論を用いた学際アプローチ』法政大学出版局, 2010 年。

30 「瓶の蓋」論と「拡大する同盟のディレンマ」論については, 石田淳「安

全保障の政治的基盤」遠藤誠治・遠藤乾編『シリーズ日本の安全保障1 安全保障とは何か』岩波書店, 2014年, とくに72-77頁。
31 高坂は, 駐日米軍が日本から撤退するならば, それは韓国に対する米国の拡大抑止の説得力を損なうことを憂慮していた。高坂「現実主義者の平和論」(『海洋国家日本の構想』中公クラシックス, 2008年, 8頁)。

【付記】本章は, 筆者が研究分担者として参加した共同研究プロジェクト「国際関係理論の日本的特徴に関する再検討——輸入と独創の観点から」(研究代表者大矢根聡氏) のほかにも, 「国際制度の「共通の利益」に与える影響に関する政治学的研究」(研究代表者古城佳子氏), 「紛争研究における「東京スクール」形成の構想」(研究代表者栗崎周平氏) の成果の一部でもある。それぞれ, 日本学術振興会の科学研究費補助金 (基盤研究 (C) 25380189), 同補助金 (基盤研究 (B) 15KT0050) の助成を得た。なお本章の執筆にあたり, 濱村仁氏 (東京大学大学院総合文化研究科博士課程) の研究補助を受けた。記して感謝したい。

第5章
国際レジーム論における「平和的変更」の水脈
―― インフォーマルな制度の摸索から国際規範へ

山田 高敬・大矢根 聡

はじめに

　国際関係の現実は，緊張や対立に覆われてきた。そうであるからこそ，国際的なルールを確立し，各国の主権を制限する国際法廷や世界議会を創設するなど，国際関係を組織化しようという構想が17～18世紀から提起されてきた[1]。もちろん国際関係論においては，国際構造がアナーキー（無政府的）である点を論拠にして，こうした組織化の困難を指摘する議論が大勢である。またパワー・ポリティクスの現実が，それらの理想主義的構想の実現を阻んできた。そのような中で，1970年代後半に登場した国際レジーム論は，国際関係の組織化を本格的な研究の対象とし，理論的・実証的分析を定着させる上で画期的な意義を持った。それから40年前後を経て，「国際レジーム（international regimes）」に関連する研究はなお健在であり，日本でも研究成果が生み出されている。

　しかし，日本における研究は，海外の研究動向と同じ軌道を描いてはいない。それは，用語法が象徴していよう。海外とりわけアメリカでは，1990年代に国際レジームという概念はあまり使われなくなり，「国際制度（international institutions）」がそれに代わった。しかし日本では，一貫して国際レジームの語

が用いられているのである。それは後で見るように,表層的な言葉遣いにとどまらず,それ以上の研究のあり方を示していよう。本章では,日本における国際レジーム論の導入と,研究状況を検証する。そのために,以下では,まず国際レジームの概念と理論において,二つの異なる関心が合流していることを再確認する。それが,日本の研究の特徴を捉える上で重要な意味を持つからである。それをふまえて,国際レジーム論がどのように受容され,日本において一定の独自性を持つ研究に結実したのか,日本国際政治学会の『国際政治』誌を中心にして検証したい。

1. 国際レジーム

　国際レジームの定義としては,1982年に刊行された『国際機構』誌・特集号の定義が広く知られている。それはS・D・クラズナーが示したものであり,国際レジームを次のように規定していた――「国際関係における特定の領域において,行為主体の期待が収斂するような,明示的もしくは暗黙的な原則,規範,規則および政策決定手続きのセット」[2]。この定義の内容はいささか曖昧であったが,その影響は明白であり,数多くの研究を喚起することになった。この定義は二つの異なる要素を含んでおり,しかも一方が漠然とした印象を与えかねなかったため,必然的に曖昧さを免れなかったのである。S・ハガードとB・A・シモンズによれば,国際レジームは「国際構造ほど広くはなく,国際機構ほど狭くはないもの」を概念化したものであるという[3]。しかしその曖昧さゆえに,国際関係における制度を従来の法学的,静態的な国際機構論から解放し,政治学的,動態的な分析の舞台に置くことになったのである[4]。

　すなわち,クラズナーの定義は,一方において明示的な原則や規則として,国際的な組織やそこで形成した法,合意など,明確で実態的な存在を想定していた。具体的には,国際連合の集団安全保障体制やIMF(国際通貨基金)の固定為替相場制,あるいはNPT(核不拡散条約)などがそれに該当する。同時に他方では,暗黙的な規範や手続きなどとして,法的拘束力や明確な実態を欠く声明,紳士協定,国際的慣行などを含めていた。世界人権宣言やはなはだしい

第5章　国際レジーム論における「平和的変更」の水脈

人権侵害に対する経済制裁，自然災害に対する人道的支援などである。前者がフォーマルな国際レジームだとすれば，後者はインフォーマルなそれだと言える。

このフォーマルな国際レジームが，各国間の国際協調を実現する上で無視できない役割を果たす点，しかしそれがパワーの裏づけを得てこそ実現する点は，伝統的な国際関係論の範疇にあった。これに対してインフォーマルな国際レジームは，アナーキーな国際構造のもとでフォーマルな制度の形成が困難だとしても，たしかに存在し，一定の作用を及ぼしていた。それは従来，自覚的に分析されてこなかったが，制度に基づく国際協調の議論を拡張する可能性を秘めていたのである。同時に，外交や勢力均衡，ひいては戦争など，リアリズム（現実主義）的な世界観の中核的要素もインフォーマルな制度の一種だと考えられ，国家間の対立に潜む「ゲームのルール」を照らし出せるものだった。

2. 国際レジーム論と国際制度論

(1) 二つの潮流

国際レジームの定義の複合的性格は，国際レジーム論の成立の経緯に由来している。国際レジーム論は，先行する二つの異なる潮流が合流して誕生したのである。第一の潮流は，E・B・ハースやJ・G・ラギーなどの研究を中心としている。とくにハースの研究は，このタイプの先駆的な研究として，国際レジーム論の成立に重要な貢献をした[5]。彼は，各国間で国際的課題に関する知識が収斂すれば，それに基づいて各国の利害認識や対外行動上の目的・手段の組み合わせに変化が生じると考えた。ここで想定されているのは，各国間の共通認識に基づくインフォーマルな制度を含むものであった。それが，単なる国家間協調を超えた，国際関係の「平和的変更（peaceful change）」の条件を構成すると論じたのである。このような関心は，国際統合論にも同様にあった。R・O・コヘインやJ・S・ナイ，E・モースなどは，国際統合論の研究を背景にして相互依存論を提起した。その延長線上で，各国間の相互依存関係を適切

に管理し，国際秩序を安定化するメカニズムへの関心を強め，国際レジーム論へと歩を進めたのである[6]。

　国際レジームの概念は，元来，ハースの研究室において彼とラギーが議論する中で浮上したのだという[7]。実際，ハースもラギーも，国際レジームを定義した際に各国間の「相互的な期待」を掲げており，先に見たクラズナーの定義も「期待の収斂」の語を用いて，共通理解に基づくインフォーマルな制度的基盤を視野に入れていた。実はこのため，次の第二の潮流に属するクラズナーは，後に，自らの定義における認識の変化や期待の収斂の側面に否定的な考えを示すことになるのである[8]。

　第二の潮流は，O・R・ヤングやクラズナー，R・ギルピン，コヘインなどの研究に基づいている。たとえばヤングは，前章でみたT・シェリングのゲーム理論やM・オルソンの集合行為論に刺激を受けた。その際に彼は，各国が合理的行動をとる結果として軍拡競争や経済紛争に陥るメカニズムに関心を抱くと同時に，その合理的行動のディレンマが深刻さを緩め，国際協調が実現する場合がある点，その現象が理論的に十分に説明されていない点に目を向けた。ヤングはその国際協調の根拠として，国際的な公共財を提供するような制度的環境の作用に着目し，それを国際レジームとして論じたのである[9]。

　ここで国際レジームは，各国の関係を安定化し，交渉行動を変える要因であり，組織化の度合いの高いフォーマルな制度として描かれていた。それは，ヤングなどの研究が行動科学を背景にし，一般性を備えた理論を志向していたためでもあろう。コヘインやナイなどは，当初は第一の潮流に位置していたものの，後に言及するように，第二の潮流へと立場をシフトした。

　以上の潮流のうち，第一のそれは知識社会学的な背景を持ち，国際的現象の解釈論や哲学的思弁を特徴とする，認知主義的な傾向を持っていた。これに対して第二の潮流は，国際構造の変動に関して，合理的選択論などに基づく一般性のある理論を構築しようとし，構造主義的な性格を持っていたと言える。

(2) 国際レジームから国際制度へ──ネオ・ネオ論争の文脈

　国際レジーム論が登場した1970年代半ば，各国間の経済的・社会的交流が拡大して相互依存関係が深化すると同時に，その交流を支えてきたIMFや世

界銀行，GATT（関税と貿易に関する一般協定）などが大きく動揺していた。こうした現象を反映して，当初の国際レジーム論は，一方では国際レジームを独立変数もしくは媒介変数に位置づけ，国際レジームが各国の行動に影響を及ぼし，協調的行動を促して国際秩序が安定化しうるメカニズムを解明しようとした[10]。他方では，その国際レジームが動揺し，ひいては崩壊するような要因，またひるがえって国際レジームが成立した要因に迫ろうとした。それらの要因としては，パワーとりわけ超大国（覇権国）の相対的衰退，各国の相互利益，理念や認識が議論の的になった[11]。

この要因論と重なりあうようにして，1980年代後半に浮上したのがネオアリズム（新現実主義）とネオベラリズム（新自由主義）の論争（通称，ネオ・ネオ論争）であり，それを通じて国際レジームの位置づけは移動してしまった。この論争は10年近くに及び，とくにアメリカにおける国際関係論の研究をまさに席巻した。国際レジームは，この論争の主な争点の一つとして脚光を浴びたのである[12]。

すなわち，ネオアリズムは，国際関係におけるアナーキーな構造が各国の行動を全体的に規定し，各国は相手国と比較した利益の相違（相対利得）に敏感に反応して，対立を常態とすると論じた。にもかかわらず，国際関係が安定する場合がある。それは，二つの大国（二極）が対峙する状態か，あるいは単一の卓越した超大国（覇権国）が国際公共財として国際レジームを提供する状態だとしたのである。こうした議論においては，国際レジームはパワーの付随現象にほかならなかった[13]。

対するネオベラリズム（もしくはネオベラル制度論）は，国際レジームが相互利益に基づく協調を可能にすると論じた。その際にネオベラリズムは，経済学の「コースの定理」を手がかりにして，国際レジームのもとで各国が他国の意図について信頼度の高い情報（完全情報）を獲得し，必要になるたびに交渉を行うのではなく，一括して交渉できる環境を得ることになる（取引コストが低下する）と推論したのである[14]。ここで国際レジームは，各国による相互利益の確認装置として位置づけられている。

こうしてネオアリズムとネオベラリズムは対峙したが，同時に共通の土俵に立っていた。そうであるからこそ，議論が噛み合いやすかったとも言える。

すなわち，双方とも一般性のある簡潔な理論の構築を目指し，国家の合理的行動を前提にして仮説の実証を試みたのである。したがって双方は，国際レジームについても，そうした実証的分析に馴染むフォーマルな制度に分析対象を絞り込んだ。同時に，国際レジームの構成主体も国家に集約し，企業やNGO（非政府組織）などを捨象した。

このような転換と並行して，国際機関と国際レジームの両方を指して国際制度という概念が使われるようになった。もちろん，その背景では，多国間条約などのフォーマルな取決めが国際機関を媒介して策定されることが多い，という事情も作用していた。コヘインは当初，相互依存論を主導し，トランスナショナル・リレーションズ（脱国家的関係）に着目していたものの，このような方法論上の理由から，国際制度をめぐる国家の合理的行動に関心を集約した[15]。そしてコヘインは，このような国際制度論を合理主義的アプローチに位置づけ，理念や認識に着目する議論を内省主義的アプローチと分類したのである[16]。

こうして，国際レジーム論におけるインフォーマルな制度と，各国間の相互期待や認識の収斂への関心は，主流理論の視界の外に置かれた。しかしその後，この立場は，むしろネオ・ネオ論争の知的前提を問い質し，この論争が視野の外に置いた国際関係の構造的変化を分析するアプローチとして再浮上した。すなわち，コンストラクティヴィズム（構成主義）が登場し，ネオ・ネオ論争が国家の合理的行動という狭い範囲のもとで，各国の対立と協調に議論の射程を縮減したと批判したのである。コンストラクティヴィズムは，国際関係の構造変化へと視野を広げ，インフォーマルな制度や各国の「共存のルール」にとどまらない広範な国際規範を研究対象とした。同時に，それらを提起し推進する勢力として，国家以外のNGOや国際機関の事務局などに関心を向けた。その意味において，コンストラクティヴィズムは国際レジーム論の礎を作った，第一の潮流への回帰を意味したのである。実際，コンストラクティヴィストの多くは，その潮流に位置する研究者達であった[17]。

第5章 国際レジーム論における「平和的変更」の水脈

3. 日本における輸入

(1) 緒方貞子の「国際組織」論から

　国際レジーム論は、アメリカで台頭して程なく、日本でも高い関心を集めた。ハースやヤングなどの議論も日本人研究者の関心を喚起していたが、分水嶺となったのはコヘインとナイの相互依存論であり、その後のクラズナーの『国際レジーム』(先に述べた『国際機構』誌の特集号に基づく単行本)やギルピンの覇権安定論であった[18]。

　その相互依存論は、1970年代後半に提起されるとすぐに日本でも関心を集めた。それは、従来のリアリズム(古典的リアリズム)に代わる理論的パラダイムを提起するものと受け止められ、日本で多くの研究を生み出したのである[19]。ただし相互依存論は、様々な概念や関心の集合体でもあり、仮説の提示や理論化の照準を欠きがちであった[20]。その多様な研究の中で、国際レジームによって各国間の相互依存関係を管理し、国際秩序を維持するという、コヘインとナイの関心に依拠した研究も日本に生まれた。それらの多くは、ギルピンの覇権安定論も反映していた。山本吉宣や山影進の研究は、その典型例であろう[21]。

　日本で国際レジーム研究が広がる契機となったのは、クラズナーの編著の直後に刊行された、日本国際政治学会の機関誌『国際政治』76号(1984年、特集「国際組織と体制変化」)であろう(国際レジームは国際体制と訳されていた[22])。その編者を務めたのは緒方貞子であり、国際レジームの概念を手がかりにして、「国際政治構造の変動という枠組みの中で国際組織の役割を解明」し、「国際組織研究を発展させる」ことを企図したのである[23]。日本の国際組織(国際機構)研究は、国際法や行政学の影響のもとで静態的な機構論や手続き論に傾斜しがちであり、国連を中心とする既存のフォーマルな制度を主な分析対象としていた。しかし緒方は、国際組織の「インフォーマルな側面」に光を当て、国際組織における各国間のコミュニケーションの保持、交渉促進の仲介機能などを本

格的に分析すべきだと,問題提起したのである。それらは,緒方も参照したハースをはじめ,海外の国際統合論者や国際レジーム論者が着目した国際組織の「政治過程,価値習得過程」であった[24]。緒方による国際レジーム論は,先に見た二つの潮流を視野に入れながらも,第一の流れ(インフォーマルな側面)に重きを置いていたのである。こうした問題関心の延長線上で,緒方はとくに「国際社会における平和的変更の可能性を探求する」という目標を掲げていた[25]。

日本外交史を専門とする緒方が編者なのは,一見意外かもしれない[26]。しかし緒方は元来,外交史を研究する際に理論を援用していた。彼女の最初の研究書,『満州事変と政策の形成過程』(1964年)は,政策決定モデルを援用して日本の関東軍と陸軍中央部,政府指導者の織り成す政治過程を分析していた[27]。それは同時に日本が国際組織の国際連盟を脱退する過程の分析でもあり,酒井哲也が見抜いたように「副旋律として,国際規範をどのように実効的なものたらしめるか」を問うていた[28]。

こうした各国レベルの政策決定と(国際組織を含む)国際レベルの変動との連動は,日中国交正常化や国際的人権擁護などの研究においても,緒方の関心事として続いている。とくに後者において,緒方はハースの国際統合論を引用し,国際組織において各国の価値体系が変化する可能性に論及していた[29]。周知の通り,後に緒方は国連難民高等弁務官など実務の世界に身を置くが,彼女は学術的な理論と実務は「有機的につながっている」という考えを抱いており,また1994年に国連のグローバル・ガバナンス委員会が冷戦後の国際秩序を提起した際にも,委員として参画した[30]。緒方の国際レジーム論は,彼女の問題関心の発展軌道の中で確たる位置を占めていたと考えられる。

(2) インフォーマルな組織への視角

国際組織のインフォーマルな側面に着目し,平和的変更を摸索する――こうした関心は,『国際政治』76号刊行の当時,他の研究者にも散見された。それは同誌の所収論文にも確認できる。それらの論文は,国際紛争の管理をめぐる国連・地域組織間の複合的体制や,人権をめぐる国際的宣言と各国の理念・行動など,インフォーマルで複合的な組織的構造を捉えて国際関係の構造的変化

第5章 国際レジーム論における「平和的変更」の水脈

を照らし出すという，当時としては斬新な試みを示している[31]。同時に特徴的なのは，国際レジームの規範的作用のみでなく，各国間のパワー・ポリティクスや利害対立も視野に入れ，その全体的なダイナミズムの中で国際レジームの所在を確認しようとしている点である。

その後，国際レジームに関する研究は急速に拡大し，1990年代以降，一連の本格的な事例分析や理論研究の単著に結実する。赤根谷達雄や野林健，飯田敬輔，山本吉宣（また本章の執筆者でもある山田高敬，大矢根聡）などの研究である[32]。たとえば，赤根谷達雄は，日本のGATT加入という外交史研究に国際レジーム論を援用し，自由貿易をめぐる原則や規則が，「どのように，そしてどの程度，各国の政策決定や外交交渉過程で考慮され，そして問題解決の仕方に影響したであろうか」と問うた。その際，外交上のパワーや利害の作用とともに，原則的理念の次元を描き出した[33]。野林健は，逆に自由貿易を制限する管理貿易的措置の国際的ネットワークの形成・変容過程に目を向け，そのインフォーマルな国際制度の機能を捉えた[34]。

このような研究の蓄積とは対照的に，緒方の期待した国際組織のインフォーマルな側面は，本格的な研究対象から外れていった。それは，緒方による特集号の10年後，1993年に刊行された『国際政治』103号（特集「変容する国際社会と国連」）が象徴していよう。同誌の各論文は，従来のように国連のフォーマルな法的・手続き的な分析を中心にしており，国際レジーム論の文献の引用も見られないのである[35]。緒方の提起した研究構想からすると，むしろ日本の伝統的な国際組織研究へと回帰したようである。

かといって，先に見たネオ・ネオ論争の影響を受けて，フォーマルな国際レジームと各国の合理的行動へと，分析対象が移動したわけでもなかった。ネオ・ネオ論争は，日本でも広範な関心を喚起したが，ネオリアリズムにせよネオリベラリズムにせよ，一方の理論の妥当性を実証しようとする研究は稀薄であった。同じく『国際政治』を見ると，106号（1994年，特集「システム変動期の国際協調」）がネオ・ネオ論争を色濃く反映しており，9本の掲載論文のうち6本が論争に言及していた。とはいえ，論争にじかに参画した論考はあまり見られない。その背景の考え方は，同誌の編者，佐藤英夫の序論が示唆していよう。

佐藤は，ネオ・ネオ論争が「完全に無意味な論争とは言えないが」，研究者の発想次第で「同様の現象に対する見方も異なってくる場合がある」とし，「システム変動期においても，協調と対立の双方の側面があり，リアリスト的発想とリベラリスト的発想の両方とも可能である」と論じたのである[36]。佐藤は長くアメリカの学界に身を置いていたが，それでもアメリカにおける論争から距離を置き，より包括的，複合的な見方を示している点は，当時の多くの日本人研究者と共通しているのではないだろうか。

　ネオ・ネオ論争の影が軽微だったことも手伝い，この論争を契機に，アメリカと同じくインフォーマルな制度への関心が日本でも高まったとは言えない。実際，先に見た『国際政治』(103号，特集「変容する国際社会と国連」)のさらに10年後の特集号(132号，特集「国際関係の制度化」)でも，インフォーマルな制度への言及はけっして多くはなかった。同誌の序論において，編者の田所昌幸は，国際レジームのインフォーマルな制度に一定の理解を示しつつも，安全保障分野におけるフォーマルな制度化の進展を説明することの重要性を強調した[37]。そこにはハースが示し，緒方が提起した，国家による学習が平和的変更を可能にするという視点は見られなかった。

　しかしその後，国際レジームの分析は再び，各国の「共存のルール」を超える国際規範の重要性に目を向ける。同時に，国際的討議の場として機能し，NGOとの連携を可能にする国際組織の役割を重視するようになる[38]。それはなぜだろうか。海外での研究動向を踏まえると，タイミング的にはコンストラクティヴィズムや国際規範論，レジーム・コンプレックス論，あるいは新たなトランスナショナル・リレーションズの議論の影響を受けたからだと推測できる[39]。

　このように，日本の国際レジーム研究においては，当初強調されたインフォーマルな規範や知識に対する期待と関心が変化してきた。もちろん，平和的変更に限らないとしても，国際関係の構造的変化の片鱗や，そのような変化を可能にする理念的な要因を検出する研究は少なからず存在してきた[40]。しかし，コンストラクティヴィズムや国際規範論などが日本に輸入されるまでは，顕著な存在ではなかった。また日本では，先に述べたとおり，アメリカのようにネオ・ネオ論争の衝撃を受けて，研究関心がフォーマルな制度や国家の合理的行

動から,インフォーマルな制度や規範,知識へと大々的に転換したわけではない。たしかに2000年以降,日本でもインフォーマルな制度を重視するコンストラクティヴィズムや国際規範研究がもてはやされたが,それはネオ・ネオ論争の問い直しや,分析方法の根本的再検討の意味をともなっていたわけではなかったのである。そうだとしても,国際レジーム論の導入当時の研究関心がある種の伝統として残り,コンストラクティヴィズムや規範研究を受け容れる素地となった可能性は高い。

4. 国際レジームの形成論と国際規範論の射程──『国際政治』掲載論文の分析

　本節では,前節の概括的な理解を精査し,日本の国際レジーム研究の動向を明確化するために,『国際政治』掲載論文の特性とその推移を計量的に確認してみたい。まず,国際レジーム論が,レジーム変容の要因分析やネオ・ネオ論争,その後のコンストラクティヴィズムの台頭と接点を持った経緯を踏まえて,各論文が引用した海外文献の傾向と,立脚した理論的パラダイムを調査する。続いて,各論文が研究の対象とした分野と,着目した行為主体を確認する。最後に,国際レジームを独立変数と媒介変数,従属変数のいずれに位置づけているかを検証する。

　以上のうちの最初の点は,日本における海外・アメリカ理論の輸入状況を確認する上で,重要な意味を持とう。次の点は,アメリカにおいて分析の照準が国家に向かい,NGOや企業などを視野から外したこととの異同を浮き彫りにできると考えられる。最後の点について,アメリカでは国際レジームを独立変数もしくは媒介変数に位置づけ,国際レジームが各国の行動や国際関係に及ぼした作用を問うた。この点に関して,日本の研究関心はどうだったのだろうか。

(1) 引用パターン──輸入理論の動向

　まず,『国際政治』の掲載論文において,海外のどのような理論的研究に影響を受けたのか,それを理論的パラダイム上の立場(ネオリアリズム,ネオリベラリズム,コンストラクティヴィズム)の観点から検討してみたい。すでに述べ

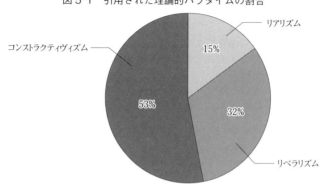

図 5-1　引用された理論的パラダイムの割合

注：『国際政治』に掲載された国際レジーム関連論文の注に引用されている文献を集計。

たように，国際レジーム論はアメリカで台頭した際，元来は構造主義的な性格と認知主義的な性格の両方を持ち合わせ，とくに後者は後のコンストラクティヴィズムのような志向性を帯びていた。しかしその後，ネオ・ネオ論争の火蓋が切って落とされると，これまで研究関心を共有してきた構造主義的なネオリベラリズムと認知主義的なリベラリズムが袂を別つこととなった。つまり，この論争を経て，ネオリアリズムとネオリベラリズムの双方を批判する，コンストラクティヴィズムが登場したのであった。

『国際政治』に掲載されたレジーム関連の論文が，どのようなタイプの海外研究を引用しているのかを確認すると，その分布状況は上記の図 5-1 の通りであった。すなわち，コンストラクティヴィズムが半分以上の 53 パーセントを占め，続いてリベラリズムが 32 パーセント，その約半分の 15 パーセントがリアリズムであった。コンストラクティヴィズムの比重が高いのが特徴的である。ただ時系列的に見ると，一つの興味深いパターンが窺える。当初はリアリズムの文献が他の理論的パラダイムをやや上回っていたが，1990 年代後半からはリベラリズムの文献がより多く散見されるようになった。そして 2000 年代半ばになると，コンストラクティヴィズムの文献が大幅に増加している（図 5-2）。海外におけるネオ・ネオ論争よりは，明らかにコンストラクティヴィズム台頭の影響を刻印しているものと考えられる。

図 5-2 引用された理論的パラダイムの時系列的推移

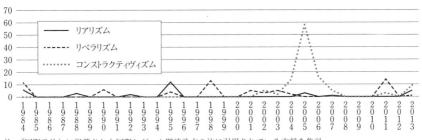

注：『国際政治』に掲載された国際レジーム関連論文の注に引用されている文献を集計。

(2) 理論的パラダイム

　より興味深いのは，引用された文献と執筆者の理論的な立場の関係である。引用は，それを必ずしも肯定的に捉える場合に限定されないからである。つまり論文が立脚する理論的パラダイムを特定する必要があろう。それを示すのが図5-3である。これを見ると，ある程度までは，図5-1に見た引用文献の状況と対応している。とはいえ，引用文献との対比で言えば，リベラリズムに立脚する比率が相対的に高いようである。もちろん，コンストラクティヴィズムの割合がより高いが，引用文献に対しては相対的に低くなっている。むしろリアリズムの比率のほうが相対的に高く，三つの理論的パラダイムに分散する傾向にあると言える。コンストラクティヴィズムが理念や規範などの非物質的な要因を重視する傾向が強く，他の二つがより物質的な要因を重視するとすれば，日本のレジーム研究は，より物質主義的な性格が強いと言えるのかもしれない[41]。

　もう一つの特徴は，論文が依拠する理論的パラダイムの変化のパターンである。時系列的に見ると，1980年代から90年代半ばまでリアリズムに依拠する論文が散見されるが，それ以降は見られなくなる。それに代わってリベラリズムが支持されるようになり，さらに2000年代に入ると，コンストラクティヴィズムの割合が大きく伸張している（図5-4）。また各パラダイムを複合した分析枠組みは，2000年代以降に登場している。以上のことは，アメリカの国際レジーム研究を特徴づけた伝統の一つである認知主義が，日本ではコンストラ

図 5-3 依拠する理論パラダイムの割合

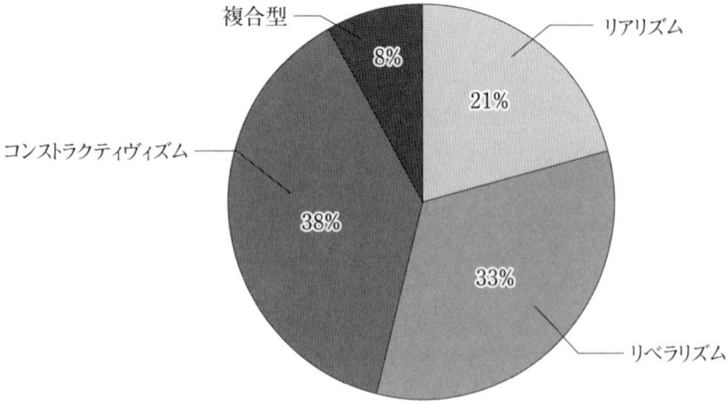

- 複合型: 8%
- リアリズム: 21%
- リベラリズム: 33%
- コンストラクティヴィズム: 38%

注：『国際政治』に掲載された国際レジーム関連論文が依拠する理論的パラダイムを集計。

クティヴィズムが輸入されるまで台頭しなかったことを意味している。つまり，緒方が重視した，アクター間の共通認識の変化が平和的変更を可能にするという認知主義の伝統は，コンストラクティヴィズムの輸入を待って初めて日本で復活したのである。逆に言えば，日本においてコンストラクティヴィズムが支持を集めた背景には，認知主義の伝統が潜伏していたからなのかもしれない。だが，その後，コンストラクティヴィズムに基づく国際レジーム研究が勢いを低めたことを考えると，認知主義は強靭な伝統として日本の土壌に根づいていたとは言えないだろう[42]。

(3) 分野

分析対象とした分野では，国際政治経済が最大であり，数パーセントの差で安全保障，人権，環境と続く（図5-5）。海外の国際レジーム論・国際制度論も，各国間の相互依存関係の深化とブレトンウッズ・GATT体制の動揺を背景に拡大，浸透しており，日本でも同様の関心に触発されて研究を実施した例が多いためだろうか。地球環境や人権の分野は，国際政治経済の分野とは異なり，国際レジームの動揺ではなく，むしろ創設と進展を扱った例が多い。同時に，地球環境・人権分野の研究は，先に見たようにコンストラクティヴィズムの台頭と相関していよう。これらの分野では，新たな理念や情報，認識の収斂が観

第5章　国際レジーム論における「平和的変更」の水脈

図5-4　依拠する理論パラダイムの時系列的推移

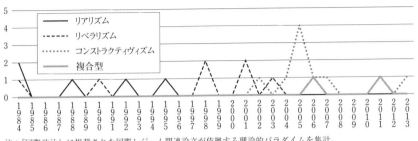

注：『国際政治』に掲載された国際レジーム関連論文が依拠する理論的パラダイムを集計。

察されていることからも，そうだと理解できる。

　安全保障分野の研究が存外に多いのも，特徴的である。安全保障分野では元来，国際レジームがあまり成立しておらず，国際連合以外にはNPTをはじめとする一部の軍備管理・軍縮条約などに限られる[43]。にもかかわらず安全保障分野が一定の比重を占めるのは，安全保障分野でパワー・ポリティクスのイメージに準拠した分析とは一線を画した研究を示そうとする動きを反映しているのかもしれない。1980年代から90年代前半にかけては，国連の紛争管理，東西陣営の軍備管理，NATOなどに関する分析が多く，2000年以降，関心は旧社会主義陣営内の軍統制の問題や内戦への人道的介入などに移っている。

　これらに対して，純粋な理論研究が4パーセントと少ないことが目を引く[44]。国際レジームをめぐるネオ・ネオ論争が，日本では活発化しなかった反映だと言えるかもしれない。

(4) 行為主体

　先に見たように，海外の国際レジーム研究は，当初それが相互依存論や国際統合論と連関していたため，行為主体として国家のみでなくNGOや国際機構などに着目していた。しかし，ネオ・ネオ論争の中で国家の合理的行動が分析の前提になったため，それらの行為主体は視野から外れていった。これに対して，『国際政治』掲載論文の国際レジーム・国際制度の議論においては，照準を合わせた行為主体はほぼ一貫して国家であった（図5-6）。国家を対象とした分析は，全体の実に75パーセントを占めているのである。NGOや企業，

129

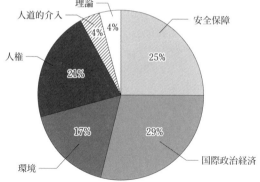

図 5-5 分析対象とした分野

注:『国際政治』に掲載された国際レジーム関連論文で分析された研究分野を集計。

NGO と国家の関係などを対象とした分析は限られているが(NGO は 9 パーセント, NGO・国家関係は 8 パーセント), それは 2000 年代前半に集中している。NGO の活動が顕著であった地球環境, 人権などの分野の研究が本格化したのと対応していよう。おそらく, この傾向は, 海外の傾向とそれほど違わないと言えよう。

(5) 変数としての国際レジーム

　海外の研究は, 国際レジームを主に独立変数や媒介変数に設定していた。クラズナーやコヘインなどは, 国際政治におけるパワー構造が国家の行動に影響を与える際, 媒介変数としての国際レジームがどのように作用するのかに関心を寄せた。またハースやラギーなどは, 国家間の交渉が国際レジームをどのように変容させ, それが国際秩序にどのような「進歩」をもたらすのか, すなわち平和的変更の可能性を問うていたのである。日本における緒方などの初期の研究も, 同様の関心に依拠していた。

　しかし, 日本における研究の全体的状況は, それとは対照的に国際レジームを従属変数としている。独立変数に位置づけた研究は限られているのである(図 5-7)。日本では, 国際レジームの形成過程やそれを可能にした要因に関心が傾斜しているようである。ただ, 媒介変数として位置づけている研究も多く

第5章 国際レジーム論における「平和的変更」の水脈

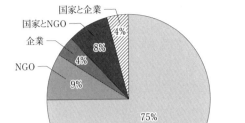

図5-6 分析対象とした行為主体

注:『国際政治』に掲載された国際レジーム関連論文で分析された行為主体を集計。

見られるので、その点では、欧米の国際レジーム研究とさほど大きな違いは認められない。国際レジームが、国家の行動や国際関係にどのような影響を与えたのかを明確化する研究も見られるのである。

以上のように、『国際政治』誌の掲載論文の検討を通じて、次のような研究上の特徴が浮かび上がった。第一に、依拠する理論的パラダイムがリアリズムとリベラリズム、コンストラクティヴィズムに分散しており、特定のパラダイムが顕著な優位にあるわけではない。第二に、アメリカに根強い認知主義的な伝統は必ずしも強くなく、また、その潮流は一時期、水面下に姿を隠す形になった。その伝統が再浮上したのは、コンストラクティヴィズムや国際規範論などが日本の研究者に刺激を与えたためだと考えられる。第三に、照準を合わせた行為主体で見ると、日本の研究は意外なほど国家中心的であり、またそれと対応してか、研究分野では安全保障に対する関心が相対的に高かった。第四に、国際レジームの変数としての位置づけは、アメリカでそれを独立変数とする研究が多いのに対して、日本では従属変数に位置づける傾向が比較的強かった。

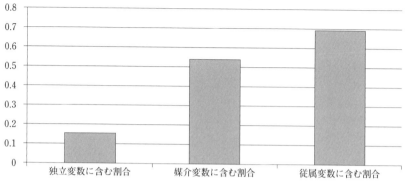

図5-7 レジーム変数の位置づけ

注：『国際政治』に掲載された国際レジーム関連論をもとに集計。

おわりに

　本章では，国際レジームに流入した二つの知的潮流を再確認し，その合流や分流と関連づけて，日本における研究の変動と特徴を明確化した。その第一の潮流は，行為主体の認識や理念の変化に着目し，そこに国際関係の平和的変更の要因を検出しようとする，知識社会学的な研究であった。第二は，国際関係の構造的変化に関心を向け，その変動について一般的な因果関係を明確化しようとする，構造主義的な関心と合理主義的な方法が結びついた潮流であった。アメリカに国際レジーム論が誕生した際には，この二つの潮流が合流し，混合していた。しかし，ネオリアリズムとネオリベラリズムが衝突し，論争が激化する中で，その二つの潮流の一体性は失われた。第二の潮流がこの論争と方法論的に合致しやすかったため，主流に躍り出たのである。

　日本において国際レジーム論を導入した際，どちらかと言えば第一の潮流を受容し，先に述べたように，それを国際組織研究の革新のために援用しようとした。それが定着しなかったのは，ネオ・ネオ論争の影響ではなかった。むしろ国際法学や伝統的な国際機構論の根強い吸引力のためであろう。

　アメリカにおいては，ネオ・ネオ論争を通じて第一の潮流がいったん衰退し

第5章　国際レジーム論における「平和的変更」の水脈

たものの，コンストラクティヴィズムとして台頭した。息を吹き返したこの潮流がネオリアリズムとネオリベラリズムの双方の理論的限界を突くとともに，国際関係における認識や理念の次元と，インフォーマルな国際レジームや規範に再び光をあてた。このコンストラクティヴィズムは，日本に流入した際にネオ・ネオ批判の装置ではなく，潜在していたインフォーマルな国際レジームや規範への関心に再び勢いを与える刺激剤となったのである。そこに再生した研究において，平和的変更への視座と国際組織研究の革新の企図は，漠然とは存在したとしても，もはや国際レジーム論導入時のように明瞭ではない。

また日本の研究は，より具体的には国際レジームの形成論や安全保障問題への関心，理論自体の研究の希薄さ，依拠する理論的パラダイムの分散などの傾向をともなっていた。これらは他の国々に較べて顕著な特徴なのか。その要因は何なのか。それを明確化するには，国際比較を視野に入れた検討が必要になろう。

注
1　アンリ四世の大計画やサン・ピエールの永久平和草案，ジャン＝ジャック・ルソーやイマヌエル・カントの議論などが該当しよう。カントの議論については，本書の第1章も参照。
2　*International Organization*, Vol. 36, No. 2, 1982（本号に論文を1本追加し，翌年に次の書籍が刊行された）. Stephen D. Krasner, ed., *International Regimes*, Cornell University Press, Cornell University Press, 1993, p. 8.
3　Stephen Haggard and Beth A. Simmons, "Theories of International Regimes," *International Organization*, Vol. 41, No. 3, 1987, p. 492.
4　R・M・A・クロフォードによれば，国際レジーム論は制度的枠組みのダイナミズムを詳細かつ経験的に分析する試みとして，最良のものの一つである。Robert M. A. Crawford, *Regime Theory in the Post-Cold War World: Rethinking Neoliberal Approaches to International Relations*, Dartmouth Publishing Company, 1996, p. 138.
5　John. G. Ruggie, Peter J. Katzenstein, Robert O. Keohane, and P. C. Schmitter, "Transformation in World Politics: The Intellectual Contributions of Ernst B. Haas," *Annual Review of Political Science*, Vol. 8, 2005. 以下も参照。

Ernst B. Haas, "Why Collaborate ?: Issue-Linkage and International Regimes," *World Politics*, Vol. 32, No. 3, 1980. E・B・ハース「進歩とは何か——国際組織研究の足跡」『国際政治』76号, 1984年。

6 Robert O. Keohane and Joseph S. Nye, *Power and Interdependence: World Politics in Transition*, Little Brown, 1977; Edward L. Morse, *Modernization and the Transformation of International Relations*, Free Press, 1976.

7 E・B・ハースからの聞き取り（1988年4月）。

8 John G. Ruggie, "International Responses to Technology: Concepts and Trends," *International Organization*, Vol. 29, No. 3, 1975, pp. 557-58; Haas, *op. cit.*, 1980, pp. 357-58. 1988年12月に青山学院大学において開催された「グローバル・ガバナンス国際会議」における質疑応答の際のS・D・クラズナーの発言。

9 Oran R. Young, *Resource Management at the International Level*, Frances Pinter, 1977; Oran R. Young, *Governance in World Affairs*, Cornell University Press, 1999. オラン・R・ヤング「グローバル・ガヴァナンスの理論——レジーム理論的アプローチ」渡辺昭夫・土山實男編『グローバル・ガヴァナンス——政府なき秩序の摸索』東京大学出版会, 2001年。

10 Krasner, *op. cit.*

11 Haggard and Simmons, *op. cit.* 山本吉宣「国際レジーム論——政府なき統治を求めて」『国際法外交雑誌』95巻1号, 1996年。

12 David A. Baldwin, "Realism, Neorealism and the Study of World Politics," in Baldwin, ed., *Neorealism and Neoliberalism: The Contemporary Debate*, Columbia University Press, 1993, pp. 8-11.

13 Kenneth Waltz, *Theory of International Relations*, Longman, 1979; Robert Gilpin, *War and Change in World Politics*, Cambridge University Press, 1981.

14 Robert O. Keohane, *After Hegemony: Cooperation and Discord in the World Political Economy*, Princeton University Press, 1984.

15 Robert O. Keohane, *Power and Governance in a Partially Globalized World*, Routledge, 2002.

16 Robert O. Keohane, "International Institutions: Two Approaches," *International Studies Quarterly*, Vol. 32, No. 4, 1988.

17 たとえばJ・G・ラギー, F・クラトックヴィル, R・アシュリーなど。

18 Krasner, *Ibid.*; Gilpin, *Ibid.*; Robert Gilpin, *The Political Economy of Inter-*

national Relations, Princeton University Press, 1987 など。
19　多数の研究があるが，単著として，鴨武彦・山本吉宣編『相互依存の国際政治学』有信堂高文社，1979 年。山影進編『相互依存時代の国際摩擦』東京大学出版会，1988 年。山本吉宣『国際的相互依存』東京大学出版会，1989 年。古城佳子『経済的相互依存と国家──国際収支不均衡是正の政治経済学』木鐸社，1996 年。草野厚『日米オレンジ交渉──経済摩擦をみる新しい視点』日本経済新聞社，1983 年。
20　山影進「相互依存論」有賀貞・宇野重昭・木戸蓊・山本吉宣・渡辺昭夫編『講座国際政治 1　国際政治の理論』東京大学出版会，1989 年。
21　山本吉宣「国際経済をめぐる政治過程──相互依存のパラダイムへ向けての一試論」鴨・山本，前掲書。山影進「相互依存進化の中の国際摩擦と国際秩序──外観と分析視角」山影進編，前掲書。
22　緒方は「編集後記」に訳語の調整の難しさを痛感したと記している（197 頁）。
23　緒方貞子「国際組織研究と国際体制論」『国際政治』76 号，1984 年。
24　緒方，同上，2-3 頁。緒方はアメリカにおける研究として，I・クラウド，C・F・アルジャー，K・ドイッチェ，ハース等の研究をあげている。
25　緒方，同上，3 頁。
26　緒方は，特集テーマが自らの企画であるように記している（緒方，同上，1 頁）。今日の『国際政治』誌の特集とその編集担当者は，日本国際政治学会の編集委員会と執行部による検討と理事会における審議によって決定するが，当時は編集担当者の意向が反映していたのかもしれない。
27　野林健・納家政嗣編『聞き書　緒方貞子回顧録』岩波書店，2015 年，28-31 頁。緒方貞子『満州事変と政策の形成過程』原書房，1966 年（『満州事変──政策の形成過程』岩波現代文庫，2011 年）。英語版は 1964 年に刊行。
28　酒井哲也「解説」緒方貞子『満州事変──政策の形成過程』岩波現代文庫，2011 年，430 頁。
29　野林・納家，前掲書，79 頁。緒方貞子「人権の国際的擁護と国家的諸制約」『国際政治』46 号，1972 年，139-40 頁。
30　野林・納家，前掲書，215-16 頁。グローバル・ガバナンス委員会，京都フォーラム監訳『地球リーダーシップ──新しい世界秩序をめざして』日本放送出版協会，1995 年。日本語訳の序文を緒方が記している（3-4 頁）。
31　斎藤鎮男「国際紛争管理レジームの研究」，デヴィッド・ウェッセルズ「国際的人権の進歩」『国際政治』76 号，1984 年。

32 多くの研究があるが，単著の例をあげるなら，歴史研究として，赤根谷達雄『日本のガット加入問題——レジーム理論の分析枠組みによる事例研究』東京大学出版会，1992年。理論に基づく事例分析として，野林健『保護貿易の政治力学——アメリカ鉄鋼業の事例研究』勁草書房，1987年。野林健『管理貿易の政治経済学——米国の鉄鋼輸入レジーム：1959〜1995』有斐閣，1996年。山田高敬『情報化時代の市場と国家——新理想主義をめざして』木鐸社，1997年。大矢根聡『日米韓半導体摩擦——通商交渉の政治経済学』有信堂高文社，2002年。阪口功『地球環境ガバナンスとレジームの発展プロセス——ワシントン条約とNGO・国家』国際書院，2006年。飯田敬輔『経済覇権のゆくえ——米中伯仲時代と日本の針路』中公新書，2013年。大矢根聡『国際レジームと日米の外交構想——WTO・APEC・FTAの転換局面』有斐閣，2012年。稲田十一『国際協力のレジーム分析——制度・規範の生成とその過程』有信堂高文社，2013年。鈴木早苗『合意形成モデルとしてのASEAN——国際政治における議長国制度』東京大学出版会，2014年。理論研究として，山影進編，前掲書。鴨武彦『国際安全保障の構想』岩波書店，1990年。山本吉宣『国際レジームとガバナンス』有斐閣，2008年など。

33 赤根谷，前掲書，7-9頁，15-16頁，311-15頁。

34 野林，前掲書，1頁，9-10頁，12頁。

35 『国際政治』103号，1993年。

36 佐藤英夫「システム変動期における国際協調」『国際政治』106号，1994年，3，4，6頁。

37 田所昌幸「国際関係の制度化」『国際政治』132号，2003年。

38 たとえば『国際政治』143号（特集「規範と国際政治理論」，2005年），『国際政治』153号（特集「グローバル経済と国際政治」，2008年）にも，そうした傾向の論文が掲載されている。

39 代表的な研究として，Alexander Wendt, *Social Theory of International Politics*, Cambridge University Press, 1999; Martha Finnemore and Kathryne Sikkink, "International Norm Dynamics and Political Change," *International Organization*. Vol. 52, No. 2, 1998; Kal Raustiala and David G. Victor, "The Regime Complex for Plant Genetic Resources," *International Organization*, Vol. 58, No. 2, 2004; Tomas Risse-Kappen, ed., *Bringing Transnational Relations Back In: Non-State Actors, Domestic Structures and International Institutions*, Cambridge University Press, 2004.

40 たとえば，山田高敬「新国際電気通信体制の起源——国家による学習と体

制変化」『国際政治』106号，1994年。大矢根聡「日米半導体摩擦における『数値目標』形成過程——『制度』の作用と政策決定の交錯」『年報政治学』48号，1997年。阪口功「象牙取引規制レジーム——知識・言説・利益」『国際政治』119号，1998年。

41　この傾向が他国にも該当するのか，あるいは日本に特有の現象なのかは興味深いが，本章では国際比較の手がかりがなく，明らかにできない。

42　この点についても，国際比較がないので断言はできないが，コンストラクティヴィズムの視座からの研究が国際レジーム研究において根づいていると見ることは難しい。

43　Robert Jervis, "Security Regimes," in Krasner, *op. cit.*; Joseph S. Nye, "Nuclear Learning and U. S.-Soviet Security Regimes," *International Organization*, Vol. 41, No. 3, 1987.

44　理論的研究の単著としては，山本，前掲書，2008年。

第6章
プラットフォームとしてのトランスナショナル概念
──人と運動の超国家的・脱国家的研究の場

宮脇　昇

はじめに

　本章では,「トランスナショナル・リレーションズ（脱国家的関係）」をめぐる国際関係理論が, どのように日本に導入されたのかを検討する。「トランスナショナル」には, 脱国境的, 越境的, 超国家的など多様な訳語が与えられてきた。それは, この概念が元来多義的で多様な含意を持っており, 日本語への翻訳が難しかった事情を反映している。同時に, この理論・概念に刺激された日本の研究自体が, 海外における研究とは異なる多様性を持ったという事情も影を落としているのではないだろうか。

　トランスナショナル・リレーションズ論も, その源流はアメリカの国際関係論にあった。国際統合論や多国籍企業研究など複数の源流が存在するが, アメリカにおいても, また日本での導入においても, R・O・コヘインとJ・S・ナイの編著書『トランスナショナル・リレーションズと世界政治』こそが決定的な意味を持った[1]。同書は, 非国家主体が国境を超えて持つ関係の重要性を指摘し, 従来の国際関係における国家中心的アプローチを批判した。そして, 非国家主体を中心に据えたアプローチの必要性を提起したのである。

　多くの国際関係理論と同じく, このトランスナショナル・リレーションズ論

も日本の研究者に大きな刺激を与えたが，そのまま「輸入」されたのではなかった。1970年代末当時の日本の研究状況について，「概して外国の理論の直輸入に急であって自ら独自の日本的理論を生み出すという点では不十分」であり，それはトランスナショナル・リレーションズ論にも該当すると関寛治は指摘している[2]。たしかに，独自の日本的理論を提起するにはいたっていないが，独自の研究はたしかに存在する。また「理論の直輸入に急」というわけでもなかった。アメリカの研究を日本に導入する過程において独自の選択が行われ，特有の性格を持つ研究が蓄積されていったのである。アメリカにおけるトランスナショナル・リレーションズ研究は，1980年代に実質的に断絶を迎えたが，その波及効果は及ばず，日本の研究に独自の展開が生まれたのである。

　本章ではその「輸入」過程を，主に1970年代後半から90年代前半を対象にして，とくに日本国際政治学会における研究動向を中心に検討する。その検討においては，研究者の存在被拘束性に着目した時際的理解が必要であり，またトランスナショナル・リレーションズ論自体が持つ研究領域の曖昧性をも考慮する必要があろう。本章では，トランスナショナル・リレーションズ論が日本で受容された過程を経時的に検討し，その特徴を浮き彫りにする。

1. アメリカにおける研究とその転換——相互依存論への編入とその後の衰退

　各国が結びつきを強めたことは，1960年代から着目されており，J・ロズノウの提起したリンケージ・ポリティクス（連繋政治）も，その結びつきに着目した研究であった。国際関係論においては，他にも国際統合論や多国籍企業など，同様の国内・国際連関をめぐる研究が多く生まれていた[3]。しかし，それをトランスナショナル・リレーションズという概念で一つのカテゴリーとして提示し，しかもそれを正面から捉える理論的パラダイムの必要性を提起したのは，先に述べたコヘインとナイの編著であった。

　同書は，「インターステイト（国家間）」とは異なる「トランスナショナル（脱国家的・超国家的）」な関係について，NGO（非政府組織）や企業，労働組合，宗教団体などの国境を超えた活動を事例にして明確化しようとした。また，ト

第6章　プラットフォームとしてのトランスナショナル概念

ランスナショナル・リレーションズの効果として，非国家主体が活動して国内政治が対外的な結びつきを強めて国際的な多元主義が進み，それが各国の行動を規制するという傾向を指摘したのである。さらに，各国政府がトランスナショナル・リレーションズを通じて対外政策における新たな手段を手にし，しかし多国籍企業や労働組合，革命運動などのトランスナショナルな主体が自律性を持ち，国家と異なる独自の行動をとるようになる，と新たな状況を描いた[4]。

　この書は，日本においても広く読まれたが，1974年の石川一雄の書評が象徴的に示すように，日本の多くの研究者は研究関心を刺激されながらも，同書が「パラダイムの形成にともなう，分析的，規範的問題の整理と指針」を明確化できていない点にも気づかされたようである[5]。たとえば，アメリカでは後に，上記のコヘインなどはネオリベラリズムの旗頭になるが，その逆のネオリアリズム（新現実主義）に位置づけられるR・ギルピンも，コヘインなどの著書と同じ年に，トランスナショナル・リレーションズの議論を提起していた。ギルピンは，「民族中心的ナショナリズム（ethnocentric nationalism）」と「所在地中心的テクノロジー（geocentric technology）」を対比して，トランスナショナル・リレーションズの位相を扱った[6]。この時点ではさまざまな議論があり，包括的な理論的枠組みや関連する概念などは定まっておらず，コヘインなども説得的な理論的パラダイムの展望を明示していなかったのである。

　すなわち，日本の研究者はコヘインとナイの編著を大きな契機として，国際関係における非国家主体の存在感を強く意識し，公式の国家間関係とは異なる，国境を越えた主体間関係の機能に従来以上に関心を向けた。また，それをトランスナショナル・リレーションズという概念に基づいて捉えた。しかし，具体的な分析のための理論や方法論などは未発達であり，逆に言えば，現象の把握や分析の方法については，日本独自の議論に開かれていたのである。

　しかし，アメリカのトランスナショナル・リレーションズ論は，その後，理論化に向けて概念の明確化や体系化には向かわなかった。コヘインとナイ自身も関心を相互依存論へと向け，その相互依存論については理論的パラダイムを自覚的に提起しようとし，それを伝統的リアリズムを超えるものにしようと試みたのである[7]。その際にコヘインたちは，トランスナショナル・リレーションズが各国政府にどのように作用しているのかを，相互依存論に取り込んだ。

彼らは，トランスナショナルなつながりが経済・社会分野を中心に拡大したため，各国の政策の優先順位において軍事力の比重が相対的に低下し，また，各国の政策決定において政府の自律性が低下していると論じたのである。こうして，相互依存論に大きく取り込まれた結果，トランスナショナル・リレーションズ論に独自に残されたのは，各国の民間主体同士の相互関係に集約された。トランスナショナル・リレーションズ論は，従来から非国家主体や，その国境を超えた主体間関係へと関心を向けていたが，相互依存論との交錯は，この傾向をいっそう強める意味を持ったのである。

しかも相互依存論は，各国間の相互依存状況をコントロールし，国際交流を円滑化して国家間関係を協調的にするような規範や規則の国際的枠組みとして，国際レジームという概念を提起した。これは，前章で見たように国際レジーム論に行き着く。しかしその際，コヘインとナイの著書『パワーと相互依存』には，興味深い特徴が見られた。前半の相互依存に関する議論ではトランスナショナル・リレーションズを視野に入れていたが，後半の国際レジームの分析ではトランスナショナルな要素が姿を消し，国家間関係へと視点が単純化していたのである[8]。その後，コヘインはネオリアリズムとネオリベラリズムの論争において後者の中核的存在になり，ネオリベラル制度論へと立場を移動した。それにともなって，トランスナショナルな現象への視角は脱落し，分析上の焦点は国家間関係へと傾斜していったのである[9]。すなわち，日本から見れば，アメリカにおける主な輸入元が理論の製造を停止してしまった。

2. 日本における選択的輸入——超国家と脱国家の抱き合わせ

日本においては，1970年代後半にトランスナショナル・リレーションズ論が台頭し，研究上の大きな流れを形成するにいたった。アメリカにおける研究も，多様な源流を持ち，また分析上の照準を合わせた非国家主体も多国籍企業や労働組合，NGO，宗教勢力，自治体など多様であった。日本では，アメリカにおける国際経済分野の相互依存の研究に加えて，伝統的に移民研究や文化交流などの研究が盛んであり，また他方で，戦後の逆コースや安全保障論議，

マルクス主義の影響などを背景にして，主権国家を相対化し，その国際関係上の役割を見直そうとする議論も根強かった。この多様な問題関心が，トランスナショナル・リレーションズという概念に出会って，国際関係論の文脈において多様な研究を喚起したのである。その動きは，先に見たような，アメリカにおけるトランスナショナル・リレーションズ論の変貌と並行して進んだ。

こうして日本では，1970年代後半から80年代始めにかけてトランスナショナル・リレーションズ論が興隆し，多様な研究に結実した。1977年には，日本国際政治学会に研究分科会としてトランスナショナル分科会が生まれ，15の研究分科会の一角を占めるにいたった[10]。同年の研究分科会の参加者は15分科会中11位と多数ではなかったが，その後，拡大してゆくことになる[11]。

研究の傾向としては，第一に，アメリカにおける国際政治経済学上の相互依存論への展開に対応して，山影進が理論的研究においてトランスナショナル・リレーションズ論を相互依存論の中に位置づけ，同時に相互依存論も理論的パラダイムの形成には失敗し，多様な仮説群のカテゴリーになった状況を指摘した[12]。また鴨武彦は，国際政治経済学の方法論として「トランスナショナル・アプローチ」を掲げ，その特徴として，(1) 世界政治の構造変容の分析と力学の解明，(2) 非政府間相互作用の次元の重視という2点を指摘した。鴨によると，後者の(2)が「相互依存アプローチ」と異なる独自の性格であった。また鴨は，1971年のコヘインとナイの編著を基礎にして，政府と非政府との関係という「対角線」の影響力関係の重要性を示した[13]。後の草野厚による日米オレンジ交渉の研究は，この「対角線」関係を含めて，政府内組織間の対立とその国境を超えた連携という，いわばトランスガバメンタル（脱政府的）な観点を持つ研究であった[14]。

第二に，国際政治経済学の文脈とは別に，多様な非国家的な主体とその国境を超えた関係が，多くの研究者によって分析されるようになった。先に述べたように，日本国際政治学会ではトランスナショナル研究分科会が組織されていたが，最初の代表幹事を務めた馬場伸也は，津田塾大学国際関係研究所において同学会の研究大会とは別に，研究会をしばしば開催した。そこでは，きわめて多様な研究報告がなされ，初期には理論的研究に加えてケベックやパレスチナ，文化交流等の動向などが報告された[15]。

日本国際政治学会の研究大会においても，1977 年 11 月にシンポジウム「国際社会における統合と拡散」が開催され，トランスナショナルな主体や運動が取り上げられた。「欧州議会と国際政党」(中原喜一郎)，「PLO の問題性」(浦野起央)，「ケベック州の国際活動」(伊藤勝美)，「市民運動のトランスナショナルな連携の構造」(砂田一郎) などのテーマで報告と討論がなされた[16]。また 1978 年には，同学会の機関誌『国際政治』59 号において，実質的なトランスナショナル・リレーションズ論の特集号が組まれた。同号には，上記のシンポジウムの報告に基づく論文を中心に 8 本の論考が掲載された[17]。

　こうした非国家主体やその相互関係の関心は，この頃に初めて生まれたわけではない。従来から，地域研究や国際関係史，国際機構論などの文脈において，大国間政治とは異なる非国家主体への関心が存在していた。それが単発的，局所的な現象でなく，国際関係の構造的変化の構成要素として共通する意義や機能を持つものとして，トランスナショナル・リレーションズという新たな観点から捉え直されたのである。それは，同時代の冷戦の対立をめぐる国家中心的アプローチの見方に対して，それに関する批判を内包した新たな理論的パラダイムの可能性を示すものとして，研究者を魅了したのである。それは，大国間の対立や国家間関係そのものを超えた，国際的協調・統合への動向を捉える展望を与えてくれた。

3. 超国家・脱国家の非国家主体

　上記の『国際政治』特集号 (59 号) は，トランスナショナル・リレーションズ論を日本の学界で大きく知らしめる意味を持ったが，その特集号を編集した馬場伸也は，この議論の輸入にあたっての苦悩を記している。すなわち馬場は，特集号の表題を「非国家的行為体」とし，「トランスナショナル・リレーションズ」としなかった理由として，特集号の序論で次のように表現した。

　　外来の学術用語を日本でそのまま採用するのは，その概念にぴったりの訳語
　　が見付からないときに限られるべきである。……日本語の語彙のなかからそ

第6章　プラットフォームとしてのトランスナショナル概念

　の概念に正確にあてはまる用語を探しだすか，創出するよう努めるべきであろう。そうすることによってはじめて，日本独自の理論を開発する緒につくことができるのである。日本独自の理論とは，なにも日本の政治文化を反映させたものということではない。ある世界的現象を理解しようとするにあたって，われわれはどのような学問的貢献をなすことができるか，ということである。……事実，ドイツ哲学はこのようにして多くの造語を発明し，新しい世界観の開発に貢献した（強調ママ）[18]。

　馬場は，トランスナショナル・リレーションズ論の直輸入を避け，独自の理論を念頭に置いた訳語を摸索したのであり，輸入理論による一過性の知的興奮に興じるのを戒めたのである。馬場は一方では，北海道と日本，ケベックとカナダといった，国家と国内の地方主体との関係を論じ，国家への批判的視点を内包する実態論的な分析を進めた[19]。また他方では，H・J・モーゲンソーなどの古典的リアリズムに対して，権力を行使したいのが人間であれば，「逆に，何とかしてそうした拘束力をはねのけたいと思うのも人間の本性である」とし，個人や集団などの「自律志向のアイデンティティの摸索が時代の精神になりつつある」とし，アイデンティティを中心的概念とする議論を提起した[20]。

　また馬場は，先に述べた『国際政治』特集号の序論において，C・F・アルジャーやR・マンスバッハ，Y・H・ファーガソン，D・E・ランパートなどによる問いを敷衍した。「なぜ国家のみが排他的に外交主権を主張するのか」という問いである。この問いから帰結する非国家的行為体の民際関係に，馬場は着目したのである[21]。特集号の掲載論文は，政党や州，市民などの主体が国家の対外行動とは別の次元で，他の国の同様の主体と関係を結び，公式の国家間関係とは異なる関係が展開している様子を捉えていた[22]。その掲載論文は，主に1960年代の反体制・対抗文化の運動を起点とするものと，国際統合論に源流を持つEC（ヨーロッパ共同体）研究を起点とするものからなり，馬場は，こうした日本の研究状況も視野に入れ，「コハン［コヘイン――筆者注］やナイの影響力の強いトランスナショナルという用語は適切ではない」と判断していた。

　こうして1970年代末には，国家の再検討という観点が国際関係論において勃興し，「この主題に関連のある研究は，それとはっきり意識されずにおこな

われてきたものではあるが，既に一〇〇以上を数えるに至っている」（納家政嗣）という状況であった[23]。それらの研究は，アメリカにおけるトランスナショナル・リレーションズ論を意識した程度もさまざまであり，また，同じく非国家主体を扱っていても，(1) 国家の機能を補完または超越しようとする存在として論じている場合と，(2) 国境を超えた主体を対象にした場合があった。前者は，非国家主体のなかでも超国家的主体に相当し，後者は脱国家的主体にあたる。また，トランスナショナル・リレーションズをめぐる研究は，そうした主体そのものだけでなくその活動や対外行動を扱う場合もあった[24]。

　以上のように，日本で研究が活発になった当時，研究の対象も方法も多様であり，その後のように研究領域は自覚的にはまだ細分化されていなかった。それは，従来からの地域研究や国際関係史研究，あるいは国際関係理論でも国際統合論やリンケージ・ポリティクスなど，多様な領域において非国家主体への関心が潜在しており，さまざまな関心や観点を背景にした研究が浮上したためだと考えられる。トランスナショナル・リレーションズ論の導入期において，一見異なる関心やテーマの背後に潜む共通性に着目した点は，その後の日本における基本的特徴を形成した。

4.　「人」への焦点化──プラットフォームとしてのトランスナショナル概念

　1980年代に入ると，日本のトランスナショナル・リレーションズ論は大きく変化し始める。先に見たように，輸入元であったアメリカでは，コヘインやナイが国際レジームやそれを左右する国家間関係へ関心を移し，またネオリアリズムとネオリベラリズムの論争が活発化すると，分析の単位が国家間関係へと集約していった。アメリカのトランスナショナル・リレーションズ論は，当初に展望した理論的パラダイムの形成にいたらなかったばかりか，関心自体が縮小していったのである。

　そのような中で，日本ではアメリカの研究から大きく刺激を受けた，相互依存論に由来する国際政治経済学的な研究が剥落（はくらく）し，研究が次第に少なくなっていった。しかし，それと同時に，人や運動に焦点を合わせた研究が拡大し，研

第6章　プラットフォームとしてのトランスナショナル概念

究の独自色が濃くなっていったのである。

　1980年の日本国際政治学会・秋季研究大会においては「トランス・ナショナル――国際社会における非国家的行為体の役割」と題した分科会が開催され，「インドシナ難民の受入に対するNGOの活動」（佐渡友哲），「自治体の国際交流」（石川孝樹）が報告された。また1983年には，同学会の国際交流に関する部会において，「大学生の国際交流意識」（伊藤陽一），「海外勤務者扶養家族の異文化体験」（箕浦康子）などが報告されている。人と運動への関心は，国家間関係の分析が馴染むと考えられていた安全保障分野にも浸透し，1985年の同学会の機関誌『国際政治』80号（特集「現代の軍縮問題」）では，「軍縮と市民運動」（宇吹暁），「米国市民運動と核兵器交渉政策」（北川智恵子）が掲載された[25]。以上は実証的な分析であり，当初のより規範論的で，国家に対する批判や再検討に裏打ちされた研究からの推移も認められる。

　実証研究の拡大と並行して，トランスナショナル・リレーションズ論は一つの研究分野として確立していった。1988年に日本国際政治学会の会員を対象とした調査によると，会員の研究分野に占めるトランスナショナル・リレーションズ論の割合は8.5パーセントであった。また，国際関係論における「支配的」だと思われるアプローチとして，トランスナショナル・リレーションズ論を「極めて盛ん」と回答した同会員は10.6パーセント，「盛ん」は38.9パーセントに達した（「盛んではない」は50.5パーセント）[26]。

　その後，トランスナショナル・リレーションズ論は，新たに台頭した非国家主体への関心の受け皿になり，多様な主体の実証研究の舞台になった。1990年代には各国内のエスニシティや，多様な民族的集団の共存を図る多文化主義の研究が活発化し，日本国際政治学会のトランスナショナル分科会は，それを対象とした研究報告の場となった。1991年から93年に同分科会や部会において，エスニシティや多文化主義に関する報告が多数あり，また1996年の日本国際政治学会とISA（国際関係学会）の共同国際会議でも，多文化主義に関するパネルが開催された。それらの成果の一部をまとめた著書『エスニシティと多文化主義』は，国家におけるエスニック・グループの存在と多文化主義の意義を問い，またオーストラリアやカナダ，アメリカ，日本などの多文化主義の可能性と課題を検討し，また先住民族をめぐる問題を論じている。研究の対象

が，文化や民族などの異質性を背景にした人々の軋轢と共存へと具体的になり，その舞台としての国家の政策のあり方などが検討の対象になったのである[27]。

また，人とその集団，運動への関心は，NGO 研究を活発にさせた。それは，1980 年代半ば以降，とくに国連を舞台として発展途上国の開発や地球環境問題，人権，ジェンダーなどが次々にグローバルな課題となり，それらの課題への国際的対応において NGO が問題の提起や国家間の合意形成などに顕著な役割を果たしたためであった[28]。NGO の活動は，トランスナショナル・リレーションズの典型的な表われとして捉えられ，それが国家レベルの政策に変化を及ぼし，さらには国際レジームを形成する状況が明確化されたのである。

こうして，たとえば『国際政治』誌の検索システムで確認すると，NGO は 211 件ヒットし，NGO と対照をなす国家間組織の国際機関の 229 件に匹敵するほどになった。NGO 研究の活発化を象徴する数字だと言えよう[29]。その後も，国家間の枠を超えた歴史的対話，情報や文化の浸透，移民，安全保障をめぐる第二トラック，民間レベルの軍事技術移転など，実に多様な問題がトランスナショナル・リレーションズの概念を用いて論じられ，実証的に分析された[30]。

すなわちトランスナショナル・リレーションズは，理論的な分析枠組みや体系的な議論ではなく，超国家的・脱国家的な主体と運動，組織を捉え，国家間関係とは異なる国際関係を提示する概念として，多様な研究を喚起し，関連づけるプラットフォームとして機能したと言える。それが，一方で NGO やエスニシティなどの研究を支えたことは確かである。しかし，他方で，トランスナショナル・リレーションズ論が当初に企図した理論的パラダイムや，その導入を試みた馬場伸也などが展望した日本的理論は，十分には成立しなかった。理論化を志向した研究自体が低調だったのである。多くの分野における非国家主体とその動きが捉えられ，その国際関係上の興味深い意義は指摘された。しかし，それをトランスナショナル・リレーションズの概念にフィードバックし，この概念に適切な修正を加え，また必要な下位概念を整備して体系化してゆく試みは，不十分だったのである。

だが，研究がその時々の現象やテーマに対応して，一時的・短期的な関心や観点に基づいて展開しただけではなかった。また，研究はしばしば不活発にな

第6章　プラットフォームとしてのトランスナショナル概念

るかに見えても，1990年代の半ば以降にも分析上の焦点を移しながら活発化した。こうした研究の刺激と分析上の観点は，やはり海外の研究によって喚起された。P・ハースの「認識共同体（epistemic community）」[31]，M・E・ケックやK・シキンクの「トランスナショナル・アドボカシー・ネットワーク（Transnational Advocacy Network）」[32]，T・リセ=カッペンのトランスナショナル・リレーションズ再評価[33]，またM・カルドーなどのグローバル市民社会論が[34]，日本において多くの研究者の関心を惹きつけたのである。それらは，NGOや科学者を典型とする専門家集団，市民運動などが国家間関係と異なる国家横断的な連携を展開し，国家間関係に影響を及ぼし，国際レジームや国際規範を形成する様相に関心を向け，実証的分析を促す契機となった。こうした動きを反映して，トランスナショナル・リレーションズに着目した論文は，『国際政治』誌の掲載論文で見ると，2000年代に入ってからのほうが，それ以前，とくに1970年代後半から80年代前半の輸入期よりも拡大しているほどである。こうして研究に新たな展開が見られるのは，海外の研究がトランスナショナル・リレーションズ概念を使用しつつ新たな観点を示したのに加えて，日本に成立した研究のプラットフォームが元来開放的で多様な研究を許容したためでもあろう。

おわりに──日本における受容

　日本のトランスナショナル・リレーションズ論は，アメリカにおける研究から刺激を受けたものの，実際に導入して定着したのはトランスナショナル・リレーションズの概念と国家間関係以外の国際関係への関心事にとどまっていた。しかし，1970年代後半に導入された際，従来からの地域研究や国際政治史研究における非国家主体への関心，また伝統的な国際社会学的な移民や文化交流などの研究が合流するポイントになり，それらの研究を国際関係論として一定の共通性を持つ研究へ方向づける役割を果たした。
　その背景には，冷戦下の国家間の対立的関係や，それを前提としたリアリズムへの批判意識があり，また国家そのものに対する問い直しの意図が作用して

いた。このため，多くの研究はリベラリズムに属し，平和研究と親和性を持っていたと言える[35]。トランスナショナル・リレーションズへの関心が，国家の排他的主権に対する対抗現象の台頭を表していた場合もあった。こうした研究の動向と反比例をなすようにして，アメリカにおいて一時期主流になっていた国際政治経済学的な研究は，日本ではむしろ低調になっていった。

　また，アメリカという輸入元のトランスナショナル・リレーションズ論が低迷する中で，日本では独自の進展を遂げ，人とその運動に照準を合わせて，エスニシティやNGOに関して豊富な研究を生み出した。その際，トランスナショナル・リレーションズは，単に概念として一定の現象を把握する手がかりに過ぎなくなっていった。しかし，この概念を援用した研究は，地球環境や発展途上国の開発，ジェンダーや多文化主義などをめぐって，国境を超えた非国家主体の動きを明確化し，国際関係の新たな局面を示す点において，重要な意義を持ち続けた。そこでも，従来ほどリアリズムや国家に対する批判的含意をともなっていないとしても，国家間関係やパワー・ポリティクスを相対化し，リベラルな「下から」のアプローチは通底していた。

　かくして日本におけるトランスナショナル・リレーションズ論は，アメリカにおけるコヘインなどの関心のうち国際政治経済学的な関心が脱落する形で，同時に争点領域の拡大と深化を経て日本で定着したと言える。それは，非国家主体間の多様な相互関係と，とくに人とその運動に着目した多くの研究に結実した。こうした研究は，リアリズムの国際関係理論を相対化し，リベラルな実証分析を定着させる背景になった。その反面，トランスナショナル・リレーションズの理論化や理論的パラダイムの構築には失敗したが，概念や観点は新しい多様な研究のプラットフォームとして確かな位置を獲得したのもまた事実であった。

　しかし，そのプラットフォームは，いまやトランスナショナル・リレーションズだけではなく，ボーダー・スタディ，あるいは国家間関係や国際機関も視野に入れたグローバル・ガバナンス論を始めとして，多様化してきている。その中でトランスナショナル・リレーションズは，どのような意義を持つのだろうか。

第 6 章　プラットフォームとしてのトランスナショナル概念

注

1　Robert O. Keohane and Joseph S. Nye Jr., eds., *Transnational Relations and World Politics*, Harvard University Press, 1971.
2　関寛治「理論研究 総論」『国際政治』61・62 号，1979 年，214 頁。
3　Yale H. Ferguson and Richard W. Mansbach, *Polities: Authority, Identities, and Change*, University South Carolina Press, 1996, pp. 18-19.
4　Keohane and Nye, *op. cit.* 他に以下も参照。Richard W. Mansbach, Yale H. Ferguson, and Donald E. Lampert, *The Web of World Politics: Nonstate Actors in the Global System*, Prentice-Hall, 1976.
5　石川一雄「(書評) ロバート・O・コーエン，ジョセフ・S・ナイ・ジュニア共編『トランスナショナルな関係と世界政治』」『国際政治』50 号，1974 年。
6　Robert Gilpin, "The Politics of Transnational Economic Relations," *International Organization*, Vol. 25, No. 3, 1971.
7　Robert O. Keohane and Joseph S. Nye, Jr., *Power and Interdependence: World Politics in Transition*, Little Brown, 1977.
8　Keohane and Nye, *op. cit.*, 1977.
9　Robert O. Keohane, *After Hegemony: Cooperation and Discord in the World Political Economy*, Princeton University Press, 1984（石黒馨・小林誠訳『覇権後の国際政治経済学』晃洋書房，1998 年）。Robert O. Keohane, *Power and Governence in a Partially Globalized World*, Routledge, 2002.
10　『JAIR Newsletter（日本国際政治学会ニューズレター）』1 号，1977 年。
11　『JAIR Newsletter（日本国際政治学会ニューズレター）』2 号，1977 年，3 頁。
12　山影進「相互依存論のカルテ――研究の系譜と論理のモデル」『国際政治』67 号，1981 年。
13　鴨武彦「国際政治経済学の方法論――トランスナショナルの事例」『国際政治』60 号，1978 年，32 頁。
14　草野厚『日米オレンジ交渉――経済摩擦をみる新しい視点』日本経済新聞社，1983 年。この延長線上で，国家を超えた企業・産業間の関係を視野に入れ，国際レジームの動向を捉えようとした研究として，野林健『管理貿易の政治経済学――米国の鉄鋼輸入レジーム：1959～1995』有斐閣，1996 年。大矢根聡「企業と国際貿易ガバナンス」『国際政治』119 号，1998 年。
15　『JAIR Newsletter（日本国際政治学会ニューズレター）』3 号，1978 年，2 頁。

16　「学会記事」『国際政治』61・62 号，1979 年，376 頁。

17　馬場伸也「非国家的行為体と国際関係——序論」，平野健一郎「中世日本における文化的・政治的統合——文化的運搬者としての連歌師宗祇をめぐって」，野谷文昭「一九二〇年代におけるアラブと国際関係——主にアヤ・デ・ラ・トーレの活動を中心に」，浦野起央「PLO とその問題性——その問題解決アプローチが意味するもの」，伊藤勝美「ケベック州の国際活動」，砂田一郎「市民運動のトランズナショナルな連携の構造——各国反原発運動間のコミュニケーションの発展を中心に」，南義清「EC における政策決定——共通農業政策決定をめぐる政策決定過程と委員会の役割」，中原喜一郎「欧州議会と国際政党」『国際政治』59 号，1978 年。

18　馬場，前掲（「非国家的行為体と国際関係」），iii 頁。

19　馬場伸也「国際社会のゆくえ」馬場伸也責任編集『講座政治学 V　国際関係』三嶺書房，1988 年。

20　馬場伸也『アイデンティティの国際政治学』東京大学出版会，1980 年，192-93 頁および 197-98 頁。馬場は本書において，アイデンティティを摸索する主体に国家（とくに小国）も含めて論じているが，具体的な事例においては個人や集団のみを分析している。

21　馬場，前掲（「非国家的行為体と国際関係」），iii 頁。

22　注 16 を参照。

23　納家政嗣「トランスナショナル・リレーションズ」『国際政治』61・62 号，1979 年，254 頁。

24　馬場，前掲（「非国家的行為体と国際関係」），iii 頁。納家，前掲。

25　『国際政治』80 号，1985 年。

26　石川一雄・大芝亮「1980 年代の日本における国際関係研究」『国際政治』100 号，1992 年。

27　初瀬龍平編『エスニシティと多文化主義』同文舘出版，1996 年。所収論文と執筆者は，以下の通りである。「国際政治におけるエスニック集団」（武者小路公秀），「国民国家と地域」（百瀬宏），「国民国家と多文化主義」（関根政美），「『多文化主義』をめぐる論争点」（梶田孝道），「オーストラリアにおけるアジア系多文化社会」（竹田いさみ），「カナダ多文化主義の現実とジレンマ」（田村知子），「米国における文化多元主義」（今井克司），「オーストリア＝ハンガリー二重帝国の多文化主義」（月村太郎），「日本の国際化と多文化主義」（初瀬龍平），「近代国民国家と先住民」（加藤普章），「先住民，植民統治者，労働移民」（都丸潤子），「国際社会と先住民族」（上村英明）。

28 たとえば,高柳彰夫「開発援助の『新しい政策アジェンダ』と NGO」『平和研究』1997 年,22 号。高柳彰夫『カナダの NGO ——政府との「創造的緊張」をめざして』明石書店,2001 年。太田宏「地球公共財と NGO ——地球気候の安定化と生物多様性の保全を求めて」日本国際政治学会編,大芝亮・古城佳子・石田淳責任編集『日本の国際政治学 2 国境なき国際政治』有斐閣,2009 年。毛利聡子『NGO と地球環境ガバナンス』築地書館,1998 年。臼井久和・高瀬幹雄編『民際外交の研究』三嶺書房,1998 年。大芝亮・松本悟『NGO から見た世界銀行——市民社会と国際機構のはざま』ミネルヴァ書房,2013 年,など。

29 J-Stage(科学技術情報発信・流通総合システム)による検索(2016 年 5 月末時点)。

30 たとえば,多様な問題をめぐるトランスナショナル・リレーションズを検討し,「トランスナショナル関係という国際関係」を提示する試みとして,吉川元編『国際関係論を超えて——トランスナショナル関係論の新次元』山川出版社,2003 年。

31 Peter Haas, "Introduction: Epistemic Communities and International Policy Coordination," *International Organization*, Vol. 46, No. 1, 1992.

32 Margaret E. Keck and Kathryn Sikkink, *Activists beyond Borders*, Cornell University Press, 1998.

33 Thomas Risse-Kappen, ed., *Bringing Transnational Relations Back In*, Cambridge University Press, 1995.

34 Mary Kaldor, *Global Civic Society: An Answer to War*, Polity, 2003(山本武彦・宮脇昇・木村真紀・大西崇介訳『グローバル市民社会論——戦争へのひとつの回答』法政大学出版局,2007 年).

35 初期の研究で平和研究の観点を明示した例として,武者小路公秀「国際学習過程としての平和研究——新しいメタ・パラダイムの提唱」『国際政治』54 号,1976 年。

第7章
ケネス・ウォルツの日本的受容
―― 見過ごされた「革命」

岡垣　知子

はじめに

　1980年代のアメリカの国際政治学は，1979年に出版されたケネス・ウォルツ（Kenneth N. Waltz, 1924-2013）の『国際政治の理論』[1]との対話であったといってよい。ウォルツの理論は，国際政治学に携わる者なら誰しも避けて通ることができない方法論上の課題を提示し，国際政治学を独立した社会科学の一分野として確立させた。

　1980年代は，国際政治学という学問分野で体系化が進んだ時代でもあった。国際政治学者が現実の国際的事件や事象を分析する上で，リアリズム（現実主義）やリベラリズム，マルクス主義といった理論的枠組みやアプローチに注意を払うようになったのは，主に1980年代である。それ以降に出版された教科書には，それ以前のものにはなかった理論の章が組み込まれるようになり[2]，どの理論がどういった国際政治事象の分析に適切であり，有効なのかについての議論が活発に行われるようになった。

　さらに1980年代は，政治学一般において国家の役割が見直された時代でもあった。『国家を呼び戻せ（*Bringing the State Back In*）』[3]という著作名に象徴されるように，1950～1960年代の行動科学主義や，1960～1970年代の多元主

義やリベラリズムの興隆の中で軽視されがちであった国家の機能を見直すステイティスト・アプローチが現れ，その影響は少なからず国際政治学にも及んだ。

こういったアメリカの動きとは対照的に，当時の日本の国際政治学においては，まだ相互依存論の色彩が強く残り，国際政治と国内政治の連繫，政策決定論など，非国家主体の重要性を謳い，大国中心主義を否定するアプローチが主流であった。一方で，理論や学問の体系化への関心は着実に高まり，とくに，新しいサブフィールドとして注目され始めていた国際政治経済学の理論である国際レジーム論[4]や覇権理論[5]は積極的に輸入された。しかし，これら国際政治経済学の理論がいち早く日本に紹介されたのに対して，ほぼ同時期の1970年代後半に出版されたケネス・ウォルツの『国際政治の理論』は，長い間，日本の研究者の注意をひかなかった。

ウォルツの理論をめぐるアメリカでの議論の沸騰を日本の研究者が知り，次第にウォルツの著作が読まれるようになった後も，日本の学界がウォルツの国際政治理論を十分に吟味し，そのエッセンスを理解するには長い時間がかかった。いや，今日にいたってもウォルツ理論の理解が進まない状況はあまり変わっていないといってよい。1980年代後半以降，国際政治学が次第にグランドセオリーから離れ，いわゆる「……イズム」の時代が終焉して久しいといわれる今となっては，積極的にウォルツを読もうとする人は，なおのこと少ないであろう。ウォルツの理論が国際政治学にとって革命的な意味を持ったことは遍く認識されてきた。しかし，日本の国際政治学界においては，その「革命」の意味はついに理解されないままであった。このウォルツの「素通り」は何を意味するのだろう。おそらくそれは，ウォルツの国際政治理論に，日本の学者たちの研究アプローチとは相いれない，異質の要素があったこと，もしくはウォルツの理論や主張に日本の学界が受容しがたい要素が含まれていたことを意味するのではなかろうか。

本章の目的は，日本におけるウォルツの国際政治学の受容の態様を振り返ることによって，日本の国際政治学ひいては社会科学一般の学問的土壌の特徴を浮かび上がらせ，今後の課題を提示することである。まず，ウォルツの理論が国際政治学という学問分野にいかなる貢献をしたかを概観した後で，日本の学界がウォルツの国際政治学をどう受容してきたかを考察する。そして最後に日

本の国際政治学の特徴と，その基盤となっている学問的風土について検討したい。

1. ウォルツの貢献

　2013年5月12日に88歳で逝去したウォルツへの追悼の言葉の中で，K・ブースは，国際政治学におけるウォルツは，生物学におけるC・ダーウィンに相当し，ウォルツの構造主義の枠組み抜きに今日の国際政治学は語れないと述べている[6]。ウォルツの理論の詳しい内容については，多くのところで紹介されているため[7]，ここではその解説は省き，ウォルツの国際政治学がもたらした意義を中心に振り返る。

(1) 国際政治学の「体系化」──『人間・国家・戦争』[8]

　ウォルツが目指したものは，何よりもまず国際政治学の「体系化」であった。ウォルツがオーバリン大学で数学を専攻し，1948年に卒業した後，コロンビア大学大学院に進んだ当時は，国際政治学の学問としての歴史は数十年しかなかった。元来数学が得意で，コロンビア大学大学院では当初，計量経済学を志していたウォルツであったが，途中で以前から興味を持っていた政治哲学に専攻を変えた。しかし，政治哲学が博士号取得のための試験科目に入っていなかったため，国際政治学を選び，彼はそこで，国際政治学において学問の体系化がまるでなされていないことに驚いたという。以降，国際政治学の体系化こそが自分の使命であると認識したとウォルツは語っている[9]。ウォルツが，まだ学問として未発達であった国際政治学という分野を無垢の目で捉え，そのエッセンスを探ろうとする強い意識を持ったのは，彼がもともとは国際政治学のアウトサイダーであり，学問的背景や情報をほとんど持っていなかったためでもあるといえよう。国際政治学に出会うまでの彼の学問的関心は，英文学や音楽，数学，物理学，政治哲学や文化人類学など幅広い分野にわたっていた。つまり，ウォルツは，基礎がほとんどない状態から，純粋な学究的意図をもって国際政治学を構築する作業を始めたのである[10]。

その最初の試みが「分析レベル」という視点の導入であった。それは，コロンビア大学に提出した博士論文（1954）[11]に修正を加えて1959年に初版を出版した『人間・国家・戦争——理論的一考察』という本として結実した。戦争の原因について考察した政治哲学を，第一イメージ（人間のレベル），第二イメージ（国家のレベル），第三イメージ（国際システムのレベル）に分類し，それぞれのイメージに属する政治哲学者の思想が国際政治分析に持つ有用性を論じたのがこの著作であった。

　分析レベルの意義は，戦争の原因について体系的に考える明快な視点を提供したのみならず，「国際システム」という，国際政治学者のみがいわば特権として持つことができる独特の視点を概念化したことにある。第三イメージ，すなわち「アナーキー」という国際システムの構造こそが国際政治学の出発点であることをウォルツは明確に意識し，それについて考察をさらに深めていった。

　この体系化の試みの中には，1979年出版の『国際政治の理論』につながる国際システム優位の考え方がすでに表れている。たとえば，分析レベルの第3イメージを扱った第6章では，おのおののアクターが合理的に行動しても，国際システム全体としては不合理な結果に終わるという逆説を示唆する，J＝Jルソーの『人間不平等起源論』の中の鹿狩りの逸話や，ルソーがサン＝ピエールの平和論を批評した論文である「戦争状態（State of War）」の内容が検討されている。ルソーが示唆するところは，おのおのの国家がいかに平和志向であっても，アナーキーという国際システムの構造的制約のために，国際政治は全体として戦争のシステムに終わるということであった。国際システムが構成単位に課す制約と，そこから生まれる国際政治のパターンについて論じ，より徹底した国際システム優位を説いたのが『国際政治の理論』である。そこには1959年の著作にはなかった，国際システムにおけるパワー分布（大国の数）と国際政治の安定性との関係についての議論も登場する。しかし，中心的議論は，アクターの属性から独立したロジックを持つ，「アナーキー」という国際システムの構造について論じられている第5章と第6章である。これは，その20年前に著された『人間・国家・戦争』から一貫しているウォルツのテーマであった。

　『人間・国家・戦争』と『国際政治の理論』のほぼ中間の時期に出版された

『対外政策と民主政治——アメリカとイギリスの経験』[12] も考慮に入れてウォルツの理論の発展過程をたどると，1959年の著作による体系化の作業から，次第に国際システム優位の理論を洗練させ，1979年にそれを完成させた流れがよりよく理解できる。その間，ウォルツは，国際政治学を専攻し始めた当時の問題意識と国際システムの構造に関する基本的立場について，学問の流行に妥協することなく，揺るぎない自論を貫いている。

(2)「厳密な」理論の構築——『国際政治の理論』

　ある研究分野が学問として自立するために理論が必要であるとすれば，国際政治学においても，学問的自立を可能にするような国際政治独自の理論が必要である，とウォルツは考えた。それでは，国際政治において明らかに「国際」的なのは何か。国際政治という領域でどのような規則性があり，何が繰り返すのか。この問題を問いつつ，複雑な国際政治の世界を知的に理解する道具として，理論を構築する作業にウォルツは取り組んだ。ウォルツが理論とは何であるかについて並々ならぬ熱意とこだわりを持って考察していたことは，ウォルツが教えた大学の講義やゼミにおいて，最初の数回の授業をすべて，「理論とは何か」の検討に当てていることからもうかがえる[13]。ウォルツにとって，理論は法則（相関関係のパターン）や法則の束ではなく，法則が生じる原因は何か，すなわち因果関係を説明するものであった。理論の構築はどの分野においても難しい仕事であるが，国際政治学においてはいっそう難しく，そこに厳密さを追求すればなおさらであるため，たやすい実証研究ばかりが増えていくのだと，ウォルツは語っている。

　厳密な理論とは何か。端的に言えば，独立変数が少なく従属変数が多い理論である。また，厳密な理論は「体系理論」である。アクターの属性のみに注目して事象や事件を説明しようとする方法を，ウォルツは「還元主義」と呼び，アクターの属性から独立したロジックを持つ国際システムがアクターに課する制約と動機づけの観点から説明を行う「体系理論」から明確に区別した[14]。A・アインシュタインやC・レヴィ＝ストロースの方法論にならい，ウォルツは，理論は帰納法によっては得られないと考えていた。国際政治の知識をいくら増やしても，また，日々起こる事件や事実を山ほど知っても，アクターを制

約する長期的なメカニズムを理解しない限り，理論構築にはつながらないからである。それゆえ，優れた理論においては，不要な変数が省かれ，理論は必然的に現実から過度に離れたものになるとウォルツは述べた。

『国際政治の理論』は，1960年代の終わりにウォルツが文化人類学の著作を読んだのをきっかけに1970年代初めから構想を練り始めた著作である[15]。よく知られているように，ウォルツは，この著作の中で，経済学における「市場」の類推を用いて国際政治の構造についての理解を促した。アクターの属性から独立した経済の構造がアクターの行動を制約することを説明する体系理論がなかった時代には，経済学は独立した学問分野ではなかった。「市場」という，アクターの行動を繰り返し条件づける経済循環の概念ができてはじめて，「経済」という他と区別される領域が生まれたことをウォルツは指摘する[16]。それでは，経済学における「市場」のようにアクターの行動を規定する構造が政治学に果たして存在するのか。政治の世界では，構造という明確な概念を見出すのは難しいとウォルツは言う。社会科学の中で最も体系化が難しいであろうと思われる国際政治学においてウォルツが体系理論を考えたのは，国際政治の構造はそれ自身の観点から研究されねばならないという強い問題意識を持っていたためである。つまり，ウォルツは，初期の経済学者たちが「市場」という構造を見出すことによって経済学を体系化し，理論化したことを，国際政治学において行ったのである。H・モーゲンソー，R・ニーバー，R・アロン[17]ら，ウォルツ以前の他のどの国際政治学者も，国際政治を他と切り離される独立した領域として扱ってはいなかった。

　国際システムの構造には二つの側面がある。一つは不変の秩序原理であるアナーキーである。もう一つは大国の数によって決まるパワー分布である。前者が国際政治の定数であるとすれば，後者は変数であり，国際システムは，戦争の繰り返しを許容してしまうアナーキーという永続的特性を持ちつつ，大国の数の変化によって勢力均衡の安定性の度合いが異なることになる。ウィーン体制に典型的な多極の勢力均衡システムこそ安定的であるとしばしば言われるのに対し，ウォルツは二極の勢力均衡の安定性を説いた。二極システムにおいては，脅威の源泉が明確なために，多極システムよりも誤認が少ない上，緊張度が高いため，大国は慎重に行動する傾向があるからである[18]。

第 7 章　ケネス・ウォルツの日本的受容

ウォルツの理論との対話をとおしてグランドセオリーの全盛期となった1980年代を経て，国際政治学では，論理的整合性や理論の厳密さ・簡潔さに，より大きな注意が払われるようになった。今日のわれわれは，理論的立場の差異にかかわらず，還元主義／体系理論，分析のレベル，構造，属性といった用語を用いて国際政治を語り，強力な理論が備えているべき要件である厳密さを評価のひとつの指針としている。これはウォルツの理論をめぐる議論の中で，国際政治学が学究的な意味において成熟したひとつの成果であるといえよう。

(3) 政策的提言

ウォルツの国際政治学における主な貢献は，以上述べたような，『人間・国家・戦争』に始まる国際政治学の体系化と『国際政治の理論』における厳密な理論構築にあるが，他方で，ウォルツは，対外政策についての論考，とりわけアメリカ外交への厳しい批判を多く行ったことでも知られている。冷戦期の米ソ関係の安定性，核拡散，相互依存，人道的介入，NATOの拡大などのテーマについて，いずれも既存の知見から距離を置き，彼独自の理論的な裏付けに基づいた主張を行っている。

多くのリアリストと同様，ウォルツは死活的国益がかかわらない国や地域への介入に反対した。ヴェトナム戦争においてはモーゲンソーやW・リップマンらと，イラク戦争においてはS・ヴァネヴェラ，R・ジャーヴィス，J・ミアシャイマーらと共に反対を表明したことはよく知られている[19]。ウォルツは軍事力の使用についてはミニマリストであり，冷戦時代は，封じ込めと抑止でアメリカの安全は十分に保障されていると考えていた[20]。それゆえ，レーガンの軍備増強に反対すると同時に，中南米諸国への介入も厳しく非難した[21]。冷戦終焉後，アメリカが唯一の超大国となってからは，一極システムにつきものの摂理，すなわち，強力なパワーを持つ国には，他国を支配するインセンティヴが働くという観点から，アメリカの対外行動に警告を発した。とくに，アメリカが対外的脅威を見出してはそれを拡大解釈し，国防費の増強を図る理由にしていると批判し，アメリカの安全が保障されている以上，他国に介入する必要は全くないと，たびたび論じていた[22]。

相互依存論やグローバリゼーション論についても，ウォルツは紋切り型の議

161

論とは異なる独自の見解を持っていた。ウォルツによれば，多くの国家間関係は，「相互（reciprocal）」の関係ではなく，むしろ一方的な「依存関係」にある。相互依存関係にあるのは米ソの軍事的関係のみであり，世界の経済的関係においては，各国はアメリカに依存しているのだから，「相互依存」ではない。「相互依存」は，アメリカナイゼーションが起こっていることを覆い隠す婉曲話法にすぎず[23]，グローバリゼーションについても，単なる流行語であるとウォルツは考えていた[24]。

　ウォルツの政策的議論の中で核兵器についての論考ほど，世界で反響を巻き起こしたものはないであろう[25]。とりわけ，1981年の『アデルファイ・ペーパー』のモノグラフ「核兵器の拡散」[26]は，タカ派からもハト派からも大きな批判を呼び，ウォルツ自身，その論考の副題「核保有国の増加によって世界はより安定するかもしれない（More May Be Better?）」が誤解を生んだことを，後に後悔している。しかし，ウォルツは，核保有国が増えれば増えるほど世界が平和になると考えていたのではなかった。より正確には，核保有国の漸増が必ずしも世界の平和と安定を脅かすものではないというのがウォルツの見解であった。そしてそれは，核兵器の使用が不可能であるという前提，すなわち，広島・長崎を経験した人類が同じ過ちを繰り返すことはありえないという前提に基づいたものであった。

　実際，フセインやカダフィのような，いわゆる「ならず者国家」のリーダーたちでさえ，また，毛沢東やスターリンのように，自国民を何百万人，何千万人も殺した「狂気の」指導者たちでさえ，核保有によって自分たちが他国の標的にされるリスクは十分理解し，核管理を確実に行ってきたことをウォルツは指摘する[27]。破壊力があまりに大きいため使用できないという，核兵器が持つ特異な性質が戦争を不可能にしているという意味で，核兵器は平和に貢献しているとウォルツは述べ，自らを核楽観主義者（nuclear optimist）と呼ぶ。そして，日本への原爆投下以降の70年間，核が使用されていないことが何よりも彼の主張を立証していると指摘するのである。

2. 日本におけるウォルツ理論の受容

(1) 受容の態様

　日本におけるウォルツの国際政治理論の受容の特徴は、二つの点に集約できよう。まず第一に、ウォルツの理論の中核となる部分、すなわち国際政治の「構造」についての議論に対する関心の低さである。第二に、ウォルツの著作の中では比較的周辺的な議論への注目、とりわけ核拡散についての議論や日本の対外政策にかかわる部分に対する関心の高さである。

　先に述べたとおり、ウォルツの国際政治学における功績は、国際政治システムに構造という概念を見出し、それを理論化したことであった。ウォルツ以前にも「国際システム」や「構造」といった言葉を用いた学者はいたが[28]、それらは主に描写的に用いられ、国際政治の説明変数として概念化されたことはなかった。つまり、ウォルツの理論の重要性は、それが構造主義のリアリズムであり、科学的なリアリズムであるという点にある。そのため、ウォルツ自身、自分の理論が「ネオリアリズム（新現実主義、neorealism）」と呼ばれるよりも「構造主義的リアリズム（structural realism）」と呼ばれるほうを好んでいた[29]。「ネオリアリズム」すなわち「新しいリアリズム」という言葉では、彼が構築した理論の意義を何も語っていないように聞こえるのが不本意だったからである。にもかかわらず日本では、ウォルツの理論は、新しいリアリズムもしくはリアリズムの復活として理解される傾向が強く、構造主義のリアリズムとしてこそ意義があったウォルツの国際政治学のエッセンスは消化されないままだった[30]。

　1960～1970年代のフランスを中心に一世を風靡した構造主義のエッセンスは、「全体」としてのシステムが、「部分」の総和ではなく、独立したロジックを持っているという点にある。「部分」から独立した「全体」のロジックとは、直接目には見えない構造である。それを見出すには事物の背後で働く要因を想像する力、長期的に社会現象を捉え、起こったことよりも起こらなかったこと

の意味を解明しようとする姿勢が必要となる。人間が主体となって歴史・社会を創造し，変化させていくという考え方とは逆に，構造主義は，人間を相対化し，人間の行動や選択を社会化するシステム全体からの制約を解明しようとする考え方である。この意味で，構造主義は，歴史主義や実存主義と対峙する方法であるといえる。

興味深いことに，日本の国際政治学界では，『国際政治の理論』の中核といえる第5，6章の国際政治構造や，体系理論と還元主義理論についての議論よりも，パワー分布と国際政治の安定性との関係について論じた第7，8章により関心が向けられてきた。アナーキーという秩序原理が，国際政治において繰り返し生じるパターンを説明する不変の構造であるとすれば，パワー分布は空間的・時間的により限定される国際システムの特定の構造であり，抽象度が低い。後者のほうが言及されることが多いのは，日本の国際政治学が，構造主義のように科学性を重視する理論よりも，具体性がある議論を好む傾向があることと関連しているのではなかろうか。

ウォルツの理論の中核的部分が日本の国際政治学において敬遠されてきたのに対し，ウォルツの政策的議論は日本でかなりの注目を浴びてきた。なかでも，日本の核武装論を含む核拡散についての議論は，大きく取り上げられた[31]。冷戦後の1993年に書かれた論文の中で，ウォルツは，アメリカ単極システムは長くは続かず，いずれそれに対抗する勢力が生まれること，その中には日本も含まれ，ドイツや日本の軍備増強や核保有が必至であることを論じている[32]。しかし，国際政治において繰り返し生じる長期的パターンと東アジアの緊迫した安全保障環境に照らし合わせて日本の核保有の可能性を論じたこの論文は，日本の国内要因を無視したものとして批判された。

ウォルツの理論が冷戦の終焉を予測できなかった点もしばしば取り上げられてきた。実際には，ウォルツはソ連の衰退を1970年代から予測し，たとえば，『国際政治の理論』においては，アメリカの半分のGNPしかないソ連がアメリカとのレースにとどまるのは難しいと述べている[33]。また，ウォルツは，自然科学と異なって，変数をコントロールして実験することがむずかしい社会科学においては，理論がなすべき最も重要な仕事は，予測よりも説明であると考えていた[34]。理論の役割には，一般的に体系化，説明，予測があるが，日本で

は，そもそも理論とは何であるのかについての議論が少ないのに加えて，「説明」という理論の役割があまり重視されていない。事象の体系化や整理・分類で十分とされたり，今後起こりうることについての予測や政策の指針を理論に求める傾向が強いといえる。

(2) 受容の背景

　こういった日本におけるウォルツの国際政治理論の受容の態様には，日本の国際政治学ひいては社会科学一般に対する独特の姿勢が反映されている。それは，「科学」に対する意識の低さ，そして国際政治学も含めた「政治学」の伝統の弱さに集約できよう。こういった学問的風土は，抽象度の高い理論よりも，具体性があり，自国の対外政策に直結した実践的研究を求める姿勢を生み，学際性への指向を強くすると同時に，知識の蓄積を重んじる地域研究や歴史的手法を主流とする傾向を促している。

「科学」の欠如と漸増主義

　国際関係の普遍的なパターンについて抽象的に考えるよりも，自国の問題に関連した議論に注目し，今後の世界がどうなるか，自分たちはどう行動すべきかの指針を求める傾向は，日本だけのものではない。しかし，他のアジア諸国や欧米の国々と比較しても，日本では，自国の立場を相対化して，長期的視野から世界全体のダイナミクスを捉えようとする研究が少ないように思う。国際政治を政策的問題から切り離して客観的に分析するのが苦手な風土である。「主体を殺して」科学性を追求する構造主義の冷徹な分析よりも，人間主体の研究が好まれる。

　構造主義が不要な説明変数をそぎとって物事のエッセンスを説明していく「引き算方式」の方法論であるとすれば，日本の学界では，経験的知識を増やし，積み上げていくことによって学問が発展する「足し算方式」が一般的である。歴史研究や地域研究に携わる研究者が多いのは，斬新な視点や既存の知を覆すような理論を生み出すよりも，知識・情報・経験の蓄積が重視され，現実世界の詳細を知ってこそ専門家として評価される傾向があるからであろう。この「足し算方式」もしくは漸増主義の風土においては，「部分」の総和を「全

体」として捉える思考様式が定着し，「部分」から独立した「全体」の構造を考えるシステム論的な考え方が発達しにくい。

　このため，新しい学問的知見や理論を取り入れる際に，その発展の経緯や背後にある要因を探ることによって理解しようとする傾向が強いのも日本の特徴である。たとえば，ウォルツの理論を解釈する場合の学問的背景として，経済学や数学の影響がしばしば強調され，国際政治環境については，1970年代後半から1980年代前半にかけての新冷戦という時代背景から影響を受けたアメリカの政策を反映して『国際政治の理論』が生まれたといった指摘がなされてきた[35]。しかし，背景の読み込みすぎが理解を妨げる危険も存在する。理論や思想は，大きなひらめきや創造力，洞察力を基に忽然と生まれることもあるからである。時代を先取りした思想や，それまでの学問的蓄積をいきなり覆すような革命的な理論が生まれる場合はとくにそうである。

　たとえば，ミクロ経済学における寡占市場理論の類推が国際政治を理解するうえで有効であるとウォルツが考えていたのは確かであるが，学問的にウォルツが最も影響を受けたのは，文化人類学とE・デュルケイムの社会学であった。また，かつて大学で専攻していた数学は，論理的にものを考える基盤になったが，政治学および国際政治学については，すぐれた師にはたくさん出会ったものの，誰からも影響を受けていないとウォルツは語っていた。実際，彼自身，理論や思想が時代や空間に拘束されるという考え方には懐疑的であった[36]。

政治学の欠如と学際性の強調

　国際政治は，政治の中で最も政治的な政治であると，ウォルツは述べた。政治的なものには容易に答えが出ないものが多い。しかし，日本の国際政治学は，政治学の一分野として認識されることが少ないと同時に，実践上の指針や政策課題への解答，規範や未来予測を求める傾向が強い。また，学際性への強い指向が存在する。国際政治学が，経済学，法学，歴史学，社会学，哲学など，隣接する学問分野からの知見を応用して発展してきたのは確かであるが，「学際性」は手放しで歓迎されるべきものであろうか。

　いったい重要な研究成果や思想は，特化した学問分野から生まれてきた。ペンシルバニア大学の社会学者J・ジェイコブズがアメリカ国立科学財団（National Science Foundation）のデータを用いて行ったある調査によると，社会科学の中で最も学際的（他分野の研究について言及しているもの）な分野は地域研究であり，最も学際的でないのは経済学であった[37]。つまり，社会科学の王様と呼ばれ，他の社会科学の分野に影響力を持っている経済学は，社会科学の中で最も内向的な分野なのである。このことは，学際的であるということが，必ずしも知的なダイナミズムを意味しないことの一例である。学問分野が一定の独立性と凝集性を保つことは必要であり，特化した学問の強さがあってこその学際性であるということが忘れられてはならないだろう[38]。

　日本の国際政治学で学際性が称賛されるのは，政治学が独立した学問分野として確立していないことと表裏一体である。独立した「政治学部」を持っている大学は，現在，日本には一つもない。政治学専攻の多くは法学部の中に学科としておかれるか，経済学もしくは行政学と一体化した形で存在している。政治的にものを考えるということは，所与の大きさのパイをどう配分するのか，すなわち政治システムなり社会制度なりの構造に注意を払うことでもある。しかし，政治学の伝統が欠如しているところでは，「価値の配分」として社会事象が捉えられることが少なく，パイを大きくすることのほうに注意が払われる。手法は歴史主義であり，漸増主義となるのである。大学が社会に対して持つアカウンタビリティーを問われる時代にわれわれ研究者が生きているということは，学際性を求める強い圧力に余儀なく直面しているということでもある[39]。そういった時代の中で一定のスタンダードを満たしながら一つの学問分野をどう完成させていくのかについて，われわれはもっと吟味する必要があるだろう。

3. ウォルツの遺産

　外国の学術的成果を丹念に研究し，原文のエッセンスを忠実に受け入れて輸入してきた明治以来の日本の伝統を考えると，日本の国際政治学におけるケネス・ウォルツの国際政治理論の受容（あるいは非受容）は，不思議とも言える現象であった。国際政治学の古典であり，方法論上の世界的論争を呼び起こしながら，これほどゆがんだ形で日本に受容されたものはないだろう。

国際政治学という学問分野のアイデンティティを問う初期の試みとして，S・ホフマンは，1977年の論文の中で「国際関係論はアメリカの社会科学である」と，述べている[40]。この論文は，アメリカの覇権および米ソ対立という，冷戦下の特殊な政治的環境と制度的条件が国際政治学の存立基盤であることを指摘したものであった。「社会科学」としての国際関係論とは何か。「アメリカの」とはどういう意味なのか。そもそも社会「科学」に国籍があってよいのだろうか。国際関係論の「科学的」正当性とは何なのだろうか。ホフマンのテーマは，国際政治学という学問分野の存在意義が問われるごとに，学者たちが言及する対象となってきた。

　この論文の執筆当時，ホフマン自身は，学究的な議論と政策的議論を必ずしも分けていなかった。ホフマンの「アメリカ的」とは冷戦の文脈に沿った政策的議論であると同時に，行動科学主義に表れている実証主義を意味していた。ウォルツの理論はどうであろうか。ウォルツの国際政治理論は，ホフマンが述べる意味においては，全くアメリカ的ではない。ウォルツをして，国際政治学は「アメリカの」社会科学から初めて卒業し，時空を超える社会科学の一分野として確立した。ウォルツの理論の意義を考えることは，国際政治学という学問分野をどう捉えるか，社会科学をどう認識するか，国際政治学がそもそも社会科学たりうるのかといった根本的な問題を考えることでもある。

　1980年代のグランドセオリーの時代を経て，国際政治学の風景はかなり変化した。まず第一に，中距離射程の理論が発達し，たとえば，攻撃的リアリズム，防御的リアリズム，ネオクラシカル・リアリズム（新古典的現実主義）のように国家や個人の属性を説明変数に加え，理論に肥沃さを求める傾向が現れた[41]。第二に，ポスト実証主義やコンストラクティヴィズム（構成主義）をめぐる議論を通して，「科学の社会学（sociology of science）」や「学問分野の社会学（sociology of the discipline）」といったメタ理論をめぐる議論が行われるようになった[42]。その中で，国際政治理論における欧米支配や男性優位が批判されると同時に，分析における折衷主義や実際主義，そして問題対応型のパラダイムが評価され，抽象度の高い理論は倦厭（けんえん）される傾向が強くなってきた。第三に，学問と政策，「理論」と「実践」のギャップを埋め，アカデミアと政策従事者との連携の可能性を探る議論も盛んになっている[43]。こういった形で理

論的パラダイム対立の時代が終焉を迎えつつあるいま，ウォルツの理論は葬り去られてしまうのであろうか。国際政治学の普遍的な科学的基礎は，今後ますます否定されていく傾向にあるのだろうか。

おわりに

　学者としてのウォルツに際立っていたのは，その主張の一貫性と自律性である。加齢とともに平和主義志向や政策志向が強くなる一般的な学者のパターンとは異なり，ウォルツの理論や主張には継続性があった。また，ウォルツは，既存の知を疑い，世間一般の通念から独立して国際政治事象の本質を見極めようとした学者でもあった。私はかつて，ウォルツに政治思想家の中で，誰が好きか問うたことがある。ウォルツは迷わず，「カント」と答えた。しかし，ウォルツのカントについての読み方は，たとえば今日の民主的平和論を唱える学者らのそれとは全く異なっている。ウォルツがカントの思想について注目したのは，リベラリズムの根幹としての個人の自由，そしてそこから類推される互いに独立した自由な国家からなる多元的な国際政治のイメージである[44]。ウォルツによると，こういった読み方の違いは，最近の国際政治学者たちがカントの初期の著作を読んでいないことから生じているという。

　偉大な思想や理論の例にもれず，ウォルツの理論は多くの議論を呼び起こした。しかし，その多くは，ウォルツが達成しようとしたことに対してではなく，ウォルツが理論構築の射程から外したものについてであった。国内要因の無視，予測能力の低さ，極端な単純化，モラルの問題，などがその例である。ウォルツ自身は，理論は批判されるべきものであるという立場から，自分の理論が多くの批判を集めたことを好意的に捉え[45]，同時に，これらの批判は，理論を理論として扱わない人からのものであると認識していた。

　ウォルツが 2013 年に死去する数年前まで教えていたコロンビア大学の彼のゼミには，毎年 100 人を超える学生の応募があったという。今日の学生の傾向として，ウォルツは，変化のみに注目し，答えを簡単に見つけやすいものにしか取り組まないこと，「政治的な」ものを考えようとしないこと，プラトンや

ツキディデスのような偉大な文献を読んでいないこと,を批判的に挙げていた。そのウォルツが繰り返し学生たちに諭(さと)したのは,人類には学ぶべき歴史や哲学がたくさんあるということ,そして簡単に答えがでない大きな問いに取り組むことが大切であるということであった。われわれが意識する,しないにかかわらず,今日の国際政治学がウォルツのもたらした「革命」に負っていることは否めない。

注

1　Kenneth N. Waltz, *Theory of International Politics*, McGraw Hill, 1979（河野勝・岡垣知子訳『国際政治の理論』勁草書房,2010 年).
2　たとえば,以下に体系化への努力がうかがえる。Paul R. Viotti and Mark V. Kauppi, *International Relations Theory: Realism, Pluralism, Globalism*, Macmillan, 1987; Robert Gilpin, *The Political Economy of International Relations*, Princeton University Press, 1987; K. J. Holsti, *The Dividing Discipline: Hegemony and Diversity in International Theory*, Allen and Unwin, 1987.
3　Peter B. Evans, Dietrich Rueschemeyer, and Theda Skocpol, eds, *Bringing the State Back In*, Cambridge University Press, 1985.
4　Stephen Krasner, ed., *International Regimes*, Cornell University Press, 1983.
5　たとえば,Stephen Krasner, "State Power and the Structure of International Trade," *World Politics*. Vol. 28, No. 3, 1976; Robert Gilpin, *War and Change in World Politics*, Cambridge University Press. 1981.
6　Ken Booth, "The Darwin of international relations," Dana Stuster, "Requiem for a Realist: The Legacy of Kenneth Waltz"（http: www.foreignpolicy.com/articles/2013/05/15/requiem_for_a_realist_kenneth_waltz?wp_login_redirect=0), 2014 年 6 月 25 日閲覧。
7　ウォルツの理論の内容については,たとえば以下を参照。神谷万丈「ネオ・リアリズム国際政治理論——日本の研究者のためのイントロダクション」『防衛大学校紀要』65 巻,神谷万丈「国際安全保障研究の新たな理論的枠組みを目指すために——日本の学会におけるネオ・リアリズム誤解の実情と批判」『新防衛論集』20 巻 4 号,1993 年,岡垣知子「ウォルツと日本と国際政治学——『国際政治の理論』を振り返って」『戦略研究』5 号,2007 年。

第7章　ケネス・ウォルツの日本的受容

8　Kenneth N. Waltz, *Man, the State, and War: A Theoretical Analysis*, Columbia University Press, 2001（渡邉昭夫・岡垣知子訳『人間・国家・戦争――国際政治の3つのイメージ』勁草書房，2013年）．
9　ウォルツへの聞き取り（2011年3月21日，於ニューヨーク）．
10　ウォルツが国際政治学のアウトサイダーであった点については，芝崎氏による初期ウォルツの研究の中で詳しく論じられている．芝崎厚士「ケネス・ウォルツ論序説――『人間・国家・戦争』の成立過程を中心に」『思想』2009年4月号．
11　Kenneth N. Waltz, "Man, the State and the State System in Theories of the Causes of War" (submitted in partial fulfillment of the requirements for the degree of doctor of philosophy, Columbia University, 1954).
12　Kenneth N. Waltz, *Foreign Policy and Democratic Politics: The American and British Experience*, Little, Brown, 1967.
13　たとえば，コロンビア大学におけるウォルツのセミナーのシラバス（POLS G9802 Seminar in International Politics II 2010）を参照．
14　Waltz, *Theory of International Politics*, Chapters 1-4 を参照．
15　ウォルツへの聞き取り（2011年3月21日，於ニューヨーク）．ウォルツはマーガレット・ミードやクロード・レヴィ゠ストロースらの著作の影響を受けている．
16　ここでいう経済学の理論化は，18世紀のフランソワ・ケネーらフランスの重農主義者たちの功績を指している．
17　Hans J. Morgenthau, *Politics among Nations: The Struggle for Power and Peace*, Alfred A. Knopf, 1948; Reinhold Niebuhr, *Moral Man and Immoral Society: A Study in Ethics and Politics*, John Knox, 2013; *The Children of Light and the Children of Darkness: A Vindication of Democracy and a Critique of its Traditional Defence*, University of Chicago Press, 2011; Raymond Aron, *Paix et guerre entres les nations*, Calman-Levy, 1962.
18　冷戦終焉後，冷戦期の米ソ二極システムは「長い平和」と認識されるようになったが，ウォルツは1960年代には，すでに冷戦下の米ソ関係の安定性を論じていた．
19　ヴェトナム戦争に対するウォルツの立場については，Kenneth N. Waltz, "The Politics of Peace," *International Studies Quarterly*, Vo. 11, No. 3, 1967 を参照．ウォルツは，アメリカの死活の国益がかかわっていないという観点からのみならず，第三世界の国々は，米ソ二極構造と違って，国際政治の安定

性には関係ないという観点からもアメリカの介入に反対していた。
20 こういった点からもウォルツは，国家が「パワーの最大化」を求めて行動するという前提に立ったいわゆる攻撃的リアリストではなく，「安全の最大化」を国家の行動原理とする防御的リアリストの範疇に入れられる。Robert Jervis, "Cooperation under the Security Dilemma," *World Politics*, Vol. 30, 1978; Stephen Van Evera, "Offense, Defense, and the Causes of War," *International Security*, Vol. 22, No. 4, 1998.
21 Kenneth N. Waltz, "America as a Model for the World?: A Foreign Policy Perspective," *Political Science and Politics*, Vol. 24, No. 4, 1991, pp. 668-69; Waltz, "The New World Order," *Millennium: Journal of International Studies*, Vol. 22, No. 2, 1993, p. 188.
22 Ibid.
23 Kenneth N. Waltz, "The Myth of National Interdependence," in Charles P. Kindleberger, ed., *The International Corporation*, MIT Press, 1970; Waltz, "Globalization and American Power," *The National Interest*, Spring 2000; ケネス・N・ワルツ．「国家間の相互依存という神話」C・P・キンドルバーガー編（藤原武平太・和田和訳）『多国籍企業──その理論と行動』日本生産性本部，1971年。
24 Waltz, "Globalization and American Power." グローバリゼーション論が主張する非国家主体の役割の増大とは逆に，実際には国家の役割がグローバリゼーションの深化と共に増大しているということについてウォルツは述べている。
25 Kenneth N. Waltz, "Emerging Structure of International Politics," *International Security*, Vol. 18, No. 2, 1993; Waltz, "The New World Order," *Millennium: Journal of International Studies*, Vol. 22, No. 2, 1993.
26 Kenneth N. Waltz, "The Spread of Nuclear Weapons: More May Be Better?" *Adelphi Papers*, No. 171, International Institute of Strategic Studies, 1981; Waltz, "Nuclear Myths and Political Realities," *American Political Science Review*, Vol. 84, No. 3, 1990.
27 Waltz, "Nuclear Myths and Political Realities."
28 たとえば，1957年初版の Morton Kaplan, *System and Process in International Politics*, ECPR press, 2008.
29 Yan Xuetong, "Teaching Waltz in Beijing," in Stuster "Requiem for a Realist."

30 たとえば，鴨武彦『国際安全保障の構想』岩波書店，1990年では，ウォルツが「古典派」と言及されている（111頁）。
31 たとえば，中本義彦「ネオリアリズムの平和論とその陥穽——ケネス・ウォルツの日本核武装論をめぐって」『世界』1994年11月号。
32 Waltz, "The New World Order."
33 河野・岡垣訳『国際政治の理論』，237頁。
34 Kenneth N. Waltz, "Evaluating Theories," *The American Political Science Review*, Vol. 91, No. 4, 1997.
35 『国際政治の理論』が出版された1979年は，ソ連によるアフガニスタン侵攻が行われた年でもあることから，このような指摘もなされたが，これは誤った解釈である。先に述べたように，ウォルツはその10年前からこの著作の構想を練っていた。
36 ウォルツへの聞き取り（2009年12月26日，於ニューヨーク）。最も影響を受けた国際的事件について問うと，経済恐慌と広島・長崎への原爆投下のみを挙げていた。
37 Scott Jaschik, "A Call to Embrace Silos," *Inside Higher Ed*, February 26, 2014 (http://www.insidehighered.com/news/2014/02/26/new-book-calls-higher-education-defend-disciplines-not-weaken-them#ixzz2uTOZe4xC), 2015年6月24日閲覧。
38 Jerry A. Jacobs, *In Defense of Disciplines: Interdisciplinarity and Specialization in the Research University*, University of Chicago Press, 2014.
39 学者・研究者の社会に対する貢献がより求められ，大学の社会に対するアカウンタビィティーが求められるようになってくると特化した学問分野では不十分になるからである。また，学際的であるということは，大学において，新しい学科やカリキュラムを作る事務方の力が学者や研究者に対して相対的に強くなることを意味する。
40 Stanley Hoffmann, "An American Social Science: International Relations," *Daedalus*, Vol. 106, No. 3, 1977.
41 Peter Katzenstein, Robert O. Keohane, and Stephen D. Krasner, eds., *Exploration and Contestation in the Study of World Politics*, MIT Press, 1999.
42 Jörg Friedrichs and Friedrich Kratochwil "On Acting and Knowing: How Pragmatism Can Advance International Relations Research and Methodology," *International Organization*, Vol. 63, No. 4, 2009; Ole Wæver "The Rise and Fall of the Inter-Paradign Debate," in Steve Smith, Ken Booth and

Marysia Zalewski, eds., *International Theory: Positivism and Beyond*, Cambridge University Press, 1996; Ole Wæver "The Sociology of a Not So International Discipline: American and European Developments in International Relations," *International Organization*, Vol. 52, No. 4, 1998.

43 Alexander L. George, "The Two Cultures of Academia and Policy-Making: Bridging the Gap," *Political Psychology*, Vol. 15. No. 1; Miroslav Nincic and Joseph Lepgold, eds., *Being Useful: Policy Relevance and International Relations Theory*, University of Michigan Press, 2000; Joseph S. Nye, Jr. "International Relations: The Relevance of Theory to Practice," in Christian Reus-Smit and Duncan Snidal, eds., *Oxford Handbook of International Relations*, Oxford University Press, 2008.

44 Kenneth N. Waltz, "Kant, Liberalism, and War," *American Political Science Review*, Vol. 56, No. 2, 1962.

45 ウォルツへの聞き取り (2009年12月26日, 於ニューヨーク)。

終 章
輸入国際関係論の限界

石田 淳

はじめに──問題の所在

　人間は国境と世代をこえて多様な行動を展開してきた。政治，法，経済，歴史など多様な文脈における国際的な人間行動を理解することに主眼を置く一群の学問領域が広義の国際関係論であり，日本の大学の教育組織（学部・学科・コースなど）名にみられる「国際関係」が意味するのもほぼ例外なくこれである。これに対して狭義の国際関係論が国際政治（学）となる。
　本来，国際政治は地球規模のもので一国に限定されるものではないが，実際に，その学術的解明を推進するのは，地域的な連携の進んだヨーロッパを例外とすれば基本的に国別に組織された学術団体である。「国際」政治の学術研究を推進するのが「日本」国際政治学会であるというように，言わば分割すべからざるを分割して研究が行われてきたのである。
　いったいそれは国内のどのような事情の所産なのか。そしてそれは当該国内のみならず関係諸国における研究の進展にどのような含意を持つのか。本章における考察は，以下の2点をその焦点とする。すなわち，第一に，どのようなアメリカの事情が第二次世界大戦後におけるアメリカの国際政治学を作り上げたのだろうか，そして第二に，アメリカの国際政治学は，戦後日本の対外行動

の選択を検討するうえでどれほど有用な羅針盤たりうるものだっただろうか，の2点である。

1. アメリカの国際政治学——経済学者の参入と法学者の不在

　第二次世界大戦後のアメリカを舞台に，狭義の国際関係論たる国際政治学が独自の学問領域として成立した事情はよく知られているのでここでは繰り返さない[1]。それは，戦間期のアメリカによるヨーロッパの知の受容（H・モーゲンソー，J・ハーツ，A・ウォルファーズをはじめとするヨーロッパの知識人のアメリカへの流入）なしには成立しえなかった。ここでは，その後の冷戦期のアメリカという時空間的条件が，アメリカの国際政治学にどのような特徴をもたらしたのかを考えてみたい[2]。

　まず第一に，冷戦は，国防総省からの研究助成を受けてランド研究所（RAND Corporation）などを拠点として進められていた安全保障研究に，二人の経済学者（T・シェリングとM・オルソン）の参入を促した。彼らの研究の知的衝撃が，「実行の予測されるコミットメント（credible commitment）」論と「集合行為（collective action）」論をそれ以降のアメリカの国際政治学の主要課題に押し上げることになる[3]。この意味では，経済学者の算入なしには少なくとも今日のアメリカの国際政治学はなかったであろう。

　冷戦の文脈におけるアメリカの戦略課題のうち，国際政治学の進展を方向づけるうえで決定的だったのは以下の二つである。すなわち，第一に，東西両陣営が互いに反撃の威嚇によって相手陣営に攻撃を自制させる相互抑止体制のもとで現状を維持するには，反撃の威嚇を断行する，あるいは攻撃自制の約束を履行するという意図の言明に説得力が必要だが，それはどうすれば確保できるのか，という問題。そして第二に，西側の多国間同盟内部における防衛負担分担について，各国が個別に防衛支出水準を決定する限り，同盟全体として望ましい支出水準を確保できないのはなぜか，言い換えれば，合理的な主体によって構成される集団が共通の利益を実現できないのはなぜか，という問題の二つであった。

終 章　輸入国際関係論の限界

　本書第4章「トマス・シェリングを読む坂本義和」に詳述した通り，シェリングは，外交の本質は意図のコミュニケーションにあるとした。相手国の行動に影響を与える結果として関係国間の価値配分を維持あるいは改善するには，約束にせよ，威嚇にせよ，言明された意図が確実に実行に移されるとの認識を相手国に与える「コミットメントの技術（the art of commitment）」が欠かせない[4]。とりわけ，国際合意の交渉者にとって，行動の自由が制約されている——行動の選択肢が限られている——という国内事情は，非妥協的な対外姿勢に説得力をもたらすので国際交渉のテーブルにおいて相手国から譲歩を引き出すうえでかえって有利であるとシェリングは論じた。この洞察は，その後，1980年代の「二層ゲーム（two-level games）」論，そして1990年代の「国内観衆費用（domestic audience cost）」論を触発するなど，その長期的な知的影響力において他の研究の追随を許さない[5]。

　他方，オルソンは，共通の利益を共有する集団の間には，他の集団構成員による共通利益への貢献（たとえば公共財の自発的提供）に「ただ乗り」する誘因が働くため，共通の利益の存在は必ずしもその実現を保証しないとして集合行為の不合理に注意を喚起した[6]。その後1980年代には，共通の政府の不在ゆえに共通の利益を実現できない典型的状況を「市場の失敗」に見出したうえで，市場経済と同様に分権的な国際政治の分析に，市場の失敗に関する経済学の知見を応用して国際協力の実現条件（覇権国や国際レジームの存在，相互作用の反復など）を明らかにしようとする一連の研究（とくに国際政治経済学）が登場し，一世を風靡することになった[7]。

　このように第二次世界大戦後の国際政治学の形成に積極的に寄与したのが，戦間期におけるヨーロッパからの知識人の流入であり，冷戦期における戦略研究への経済学者の参入であったとするならば，消極的に寄与したのは国際政治学をとりまくアメリカ特有の研究・教育環境，すなわち，大学における国際法学と国際政治学との組織的隔絶であった。日本の大学のカリキュラムでは，法学部であろうとなかろうと，基本的に「国際政治」（狭義の「国際関係論」）が「国際法」と切り離されることは考えられないのに対して，アメリカの大学では狭義の「国際関係論」を開講する「政治学部」は，「国際法」を開講する「ロー・スクール」と完全に切り離されているのである。

それゆえに，極論すれば，少なくともコンストラクティヴィズム（構成主義）の台頭以前のアメリカ国際政治学の主流は国家間関係の社会性を分析の対象としなかった。たとえば，共同体の構成員は適切な行動について共有された期待としての規範を持つが，その規範も，それに照らして特定国家が自国の行動を正当化したり，関係諸国が他国の行動を非難したりする相互作用の中で，確認され，修正されるといった理解について考えてみよう。1970年代後半のほぼ同時期に，イギリスにおけるH・ブルの研究ではそれが特段の注釈もなく論じられたのとは対照的に，アメリカにおけるK・ウォルツの研究にはその影すら見られなかったのである[8]。

　このように常識の範疇に属する標準的な社会規範論が，その後のポスト冷戦期のアメリカでは画期的に新鮮な着想――コンストラクティヴィズム――として国際政治学に迎え入れられることになる。それほどまでにアメリカ国際政治学においては経済学的なラショナリズム（合理的選択論）が知的覇権を確立するにいたっていたのである[9]。

2. 分析の手法と課題との乖離――関係改善の安全保障論

　では，このような特徴を持つアメリカの国際政治学は，戦後日本が直面した問題を理解するうえでどれほど有用だったのだろうか。紙幅の制約もさることながら，それ以上に深刻な筆者の力量の制約から，安全保障領域に限定してこの問題について検討してみたい。

　簡潔に言えば，戦勝国の安全保障論がはたして敗戦国の安全保障を考えるうえで有用か，これに尽きる。戦後日本においては，《過去の戦争についての反省》と《平和友好に向けた決意》について，アジアの周辺諸国に「誤解と不信」が生じないようにすることが，周辺諸国との意図のコミュニケーションにおける重要課題であった。それゆえに，第二次世界大戦における敵国やかつての植民地との「関係修復（reconciliation）」を逐次的に――サンフランシスコ講和後，それに参加しなかった台湾，ソ連，韓国，中国という順に――進めながら，価値配分の現状について，周辺諸国の不安を掻き立てることなく，日本の

終章　輸入国際関係論の限界

不安を拭い去る防衛構想を練らなければならなかった[10]。考えてみるまでもなく当然のことながら，戦勝国アメリカの安全保障論には関係修復はない。

　さらに，戦後日本の安全保障上の課題として周辺諸国との領土問題がある。それは基本的に，無主地先占の法理にしたがって日本が領有するにいたった領域が，サンフランシスコ講和において日本が放棄した地域に含まれるかどうかをめぐって，それに参加しなかった周辺諸国との間に生じた利害衝突である。たしかに領土問題それ自体は，民族と領土とを結びつけるナショナリズムの所産であって，安全保障論の標準的なアジェンダに含まれるとも言えるだろう。とはいえ，国境線を画定する条約など，関係諸国の利害調整の道具としての国際法は，日本の安全保障を理解するうえではきわめて重要と思われるが，第二次世界大戦後のアメリカの国際政治学においては，国際政治経済現象を例外とすれば，少なくとも近年までは安全保障を含む国際問題が法的な観点も交えて論じられることはなかった。

　もちろん，そのアメリカにおいてすら，安全保障論者は一貫して国際法に無関心であったというわけではない。戦間期には，集団安全保障体制を規定する連盟規約について安全保障上の観点から議論が積み重ねられた。たとえば，集団安全保障体制が戦争終結時点における関係諸国間の価値配分の現状を維持する機能を持つことは同時代的に認識されていた[11]。というのも，ヴェルサイユ条約をはじめとする講和条約の第一編に配置された連盟規約は「連盟各国は，連盟各国の領土保全及現在の政治的独立を尊重し，且外部の侵略に対して之を擁護することを約す」とした第10条を含むもので，講和条約によって確認された価値配分の現状の防衛装置を用意するものだったことに加えて，加盟国に対して連盟が関係国間の現状の「平和的変更（peaceful change）」を求めることもありうるとした第19条は当初から死文であったからである。また集団安全保障体制下の対外的なコミットメント（武力不行使と制裁）と憲法上の対内的なコミットメントとの緊張関係はアメリカ国内において強く意識された。規約第10条によって，その意に反してアメリカが戦争に巻き込まれることへの憂慮は，H・C・ロッジ上院議員の主張した留保条項（とくにその第2項）に体現され，議会上院によるヴェルサイユ条約の批准拒否に帰結したのである。

　関連して，歴史認識の国際政治的効果についてもアメリカの国際政治学では

ほとんど議論されることはない。たとえば国際的な正統性について疑義があるとしても，ひとたび引かれたその国境線に対する挑戦は，反撃の威嚇によって抑止できるだろうか。それは容易ではないだろう。というのも，関係主体の間で歴史認識が競合するなどして，（たとえば特定領域を特定国が実効支配しているという）現状の正統性が疑わしければ，現状に対する攻撃の排除の正統性も疑わしく，この意味で反撃の正統性が疑わしければ，反撃の威嚇は説得力を欠くからである。すなわち，確実にその威嚇が実行されるのだろうかとの疑念が相手に生まれるのである。

おわりに

このように，アメリカにはアメリカの事情があり，その国際政治学は研究関心にせよ研究手法にせよアメリカ的な特徴を持つ。それを日本に輸入してみたところで，アメリカの対外行動の理解や，アメリカとその関係国との相互作用（たとえば米ソ冷戦や日米関係など）の理解には有用であっても，日本が直面する固有の課題についてまで，解答を用意するものではない。研究課題も，研究教育環境も異なるために，アメリカの理論的枠組みについては，日本への導入にあたって取捨選択が行われたり，相応の修正が施されたりしてきたのも無理はない。このように，一国にとどまることのない地球規模の国際政治についても，国別に組織された学術団体において議論を深め，独自の理論化を試みることには依然として大きな意義があると思われるのである。

注
1　Stanley Hoffmann, "An American Social Science: International Relations," *Daedalus*, Vol. 106, No. 3, 1977.
2　この問題についてかつて筆者は，石田淳「国際関係論はいかなる意味においてアメリカの社会科学か―― S・ホフマンの問い（一九七七年）再考」『国際政治』160 号，2010 年において考察を行っている。
3　Thomas C. Schelling, "Surprise Attack and Disarmament," *Bulletin of the*

　　　　　　終　章　輸入国際関係論の限界

　　Atomic Scientists, Vol. 15, No. 10; Mancur Olson, Jr., and Richard Zeckhauser, "An Economic Theory of Alliances," *Review of Economics and Statistics*, Vol. 48, 1966.
4　「コミットメントの技術」は，Thomas C. Schelling, *Arms and Influence*, Yale University Press, 1966, Chapter 2 のタイトルである。
5　シェリングの洞察を確認できる原典は，Thomas C. Schelling, *The Strategy of Conflict*, Harvard University Press, 1960, p. 28. 二層ゲーム論への寄与については，Robert D. Putnam, "Diplomacy and Domestic Politics: The Logic of Two-Level Games," *International Organization*, Vol. 42, No. 3, 1988, p. 440. さらに国内観衆費用論への寄与については，James D. Fearon, "Domestic Political Audience and the Escalation of International Disputes," *American Political Science Review*, Vol. 88, No. 3, 1996, p. 587.
6　ツキディデスが印象的に描いたメロス島の対話には「強者は自らの力を行使し，弱者はそれに譲る」とするリアリストの「権力（power）」政治観を読み取れる。すなわち，共通の利益など共有しない関係国間の価値配分を左右するのは両国の「勢力（power）」分布であって，「大国（great power）」は力の優位を利用して小国を強要するのである。これに対して，オルソンの集合行為論は，共通の利益を共有する国家間では，小国が大国を搾取するという逆説的な命題を正面から打ち出す。オルソンの逆説については，Mancur Olson, *The Logic of Collective Action: Public Goods and the Theory of Groups*, Harvard University Press, 1960, p. 35. ウォルツも，ブロック内の国家関係については，大国が提供する安全にただ乗りする同盟国は「無責任国家の自由」を謳歌するとした。ここに主としてブロック間の競合を論じたリアリストとブロック内の協力を論じたリベラルの見解の一致をみることができる。Kenneth N. Waltz, *Theory of International Politics*, McGraw-Hill, 1979, pp. 184-85.
7　Robert O. Keohane, *After Hegemony: Cooperation and Discord in the World Political Economy*, Princeton University Press, 1984; Kenneth A. Oye, ed., *Cooperation under Anarchy*, Princeton University Press, 1986. なお，利益集団であれ国家であれ，意思決定主体は戦略的相互依存状況（ゲーム理論におけるゲーム状況）におかれているという視点から国内・国際政治を統一的に捉えるべきだとする発想が政治学に浸透したことを象徴する研究としては，Helen Milner, "The Assumption of Anarchy in International Relations Theory: A Critique," *Review of International Studies*, Vol. 17, No. 1, 1991 を

参照。
8 Hedley Bull, *The Anarchical Society: A Study of Order in World Politics*, Columbia University Press, 1977, とくに規則の変化については，pp. 72-73, 98. ウォルツの国際政治理論（Waltz, *Theory of International Politics*, 1979）は，社会規範が主体を社会的に構成する（たとえば自決規範が自決主体たる国民を作り出す）ことへの関心は希薄で，国際システムの構成要素は所与とした。ちなみにこの時期の日本では，国際法学者の大沼保昭が，個別国家の特殊利益を普遍的正義の名のもとに正当化する局面ではイデオロギーとして機能する観念（戦争違法観）も，別の局面では規範としてその行動を拘束する二面性を持つことは，国際法学にはイロハのイだと指摘しつつも，この二面性にもかかわらず，法と政治のいずれかをそれぞれの学問領域の外に放逐しようとする政治学・法学のあり方を問題視していた。大沼保昭『戦争責任論序説──「平和に対する罪」の形成過程におけるイデオロギー性と拘束性』東京大学出版会，1975年，370-71, 382頁。
9 石田淳「コンストラクティヴィズムの存在論とその分析射程」『国際政治』124号, 2000年。
10 石田淳「安全保障の政治的基盤」遠藤誠治・遠藤乾編『シリーズ日本の安全保障1 安全保障とは何か』岩波書店, 2014年。
11 John Foster Dulles, *War, Peace and Change*, Harper & Brothers Publishers, 1939, p. 81.

事項索引

ア 行

アイデンティティ　5, 8, 86, 145, 152, 168
アナーキー（無政府性）　46, 115, 117, 119, 158, 160, 164
安全保障のディレンマ　80, 81, 95, 99, 102, 104, 108, 112
威嚇　95-102, 104-106, 108, 109, 112, 113, 176, 177, 180
イデオロギー　14, 32, 56, 65, 66, 73, 74, 76, 82, 87, 95, 96, 110, 182
意図の誤認　95, 109-11
意図のコミュニケーション　94, 96, 105, 108, 109, 111, 177, 178
イラク戦争　161
インフォーマルな制度　115, 117, 118, 120, 124, 125
ウィーン体制　78, 79, 160
ヴェトナム戦争　66, 67, 161, 171
永久平和論　9, 17-23, 26, 27, 29-36
NGO（非国家組織）　12, 120, 124, 125, 129, 130, 136, 140, 142, 147-50, 153

カ 行

核拡散　161, 163, 164
核武装　164, 173
核兵器　72, 76-78, 147, 162
関係修復　178, 179
企業（多国籍企業）　120, 125, 129, 139-42, 151, 172
期待の収斂　118
キューバ危機　81, 82, 104, 107
近代主権国家　46, 52

グローバル化　5
グローバル・ガバナンス　122, 134, 135, 150
グローバル市民社会　11, 149, 153
軍備管理　93, 94, 96, 103, 108, 111, 129
経済的相互依存　→　相互依存
ゲーム理論　10, 96, 108, 113, 118, 181
現実主義　→　古典的リアリズム
現状維持勢力　94, 95
現状変更勢力　94, 95
権力政治　→　パワー・ポリティクス
交渉力　101
構成主義　→　コンストラクティヴィズム
構造主義　118, 126, 132, 157, 163-65
行動科学　i, 9, 10, 14, 15, 63, 71, 93, 96, 103, 118, 155, 168
合理的選択論　93, 113, 118, 178
国益　65-72, 74, 76, 77, 80, 81, 83, 94-96, 105, 161, 171
国際関係史　58, 144, 146
国際機構（国際組織）　46, 116, 121-24, 129, 132, 134, 135, 144, 153
国際規範　11, 65, 66, 70, 78, 79, 81, 83, 115, 120, 122, 124, 125, 131, 149
国際公共財　119
国際構造　12, 115-18
国際システム　10, 85, 158-60, 163, 164, 182
国際主義　24, 25, 43, 45, 54-56
国際政治経済学　143, 146, 150, 151, 156, 177
国際制度論　→　国際レジーム論
国際組織　→　国際機構

183

国際統合論　10, 71, 117, 122, 129, 139, 140, 145, 146
国際法　24, 38, 48, 86, 93, 115, 121, 132, 134, 177, 179, 182
国際レジーム論（国際制度論）　i, ii, 7, 8, 11, 115-23, 125, 126, 128, 132-34, 142, 156
国際連合（国連）　1, 2, 17, 18, 31, 34, 36, 80, 82, 83, 103, 104, 113, 116, 121-24, 129, 148
国際連盟　17, 19, 21-23, 25, 26, 28, 30, 31, 33, 34, 36, 37, 48, 49, 52, 53, 58, 122
国内観衆費用論　112, 181
国連　→　国際連合
国連警察軍　72, 75, 76, 80-83, 103, 104
国家中心的アプローチ　139, 144
古典的リアリズム（現実主義）　i, 7, 9, 11, 14, 18, 19, 23, 31-36, 38, 41, 43, 46-51, 53, 55, 56, 58-61, 63, 64, 72, 74, 82, 84, 87-91, 94, 114, 117, 121, 145, 155
コミットメント　93, 94, 96, 98, 99, 101-103, 108, 112, 113, 176, 177, 179, 181
コンストラクティヴィズム（構成主義）　11, 63, 78, 120, 124-28, 131, 133, 137, 168, 178, 182

サ 行

錯誤　65, 72, 73, 75-80, 82-84
執拗低音（バッソ・オスティナート）　6, 14, 68-70
集合行為論　118, 181
集団安全保障　26, 116, 179
新カント学派　20
新現実主義　→　ネオリアリズム
新古典的現実主義　→　ネオクラシカル・リアリズム
新自由主義　→　ネオリベラリズム
慎慮　66, 70, 81-83, 96, 99, 108, 109, 112, 113
政策決定モデル（対外政策決定過程）　10, 122
勢力均衡（勢力均衡政策）　65, 68, 70, 72, 75, 78-84, 90, 117, 160
勢力均衡政策　→　勢力均衡
世界連合（世界連邦）　17, 21, 22, 30, 31, 33, 34
相互依存（経済的相互依存）　i, 11, 12, 15, 63, 71, 77, 96, 98, 99, 117, 118, 120, 121, 128, 129, 135, 140-43, 146, 151, 156, 161, 162, 172, 181

タ 行

対外政策決定過程　→　政策決定モデル
第二次世界大戦　4, 28, 49, 53, 95, 175-79
多国籍企業　→　企業
多文化主義　147, 150, 152
地域研究　4, 9, 63, 69, 70, 83, 144, 146, 149, 165, 167
知識社会学　118, 132
中立　24, 27, 31, 38, 72, 73, 75, 76, 78-84, 87-90, 93, 94, 103, 104, 108, 109, 113
朝鮮戦争　1, 31
道義的コンセンサス　65, 78
道徳観　43
トランスナショナル・リレーションズ　i, 7, 11, 14, 15, 120, 124, 139-50, 152, 153

ナ 行

ナショナリズム　24, 42, 58, 60, 61, 141, 179
二層ゲーム・モデル　10, 112, 177, 181
日米安全保障条約（日米同盟）　9, 64, 71-73, 75, 76, 78, 80, 81, 83, 103
日米同盟　→　日米安全保障条約
日露戦争　24

日中戦争　27, 28, 30, 34
日本国際政治学会　i, 2, 48, 67, 86, 116, 121, 135, 140, 143, 144, 147, 151, 153
認識共同体　149
認知主義　118, 126-28, 131
ネオクラシカル・リアリズム（新古典的現実主義）　168
ネオ・ネオ論争（ネオリアリズム・ネオリベラリズム論争）　12, 118-20, 123-26, 129, 132
ネオリアリズム（新現実主義）　ii, 7, 11, 12, 63, 119, 123, 125, 126, 132, 133, 141, 142, 146, 163, 173
ネオリアリズム・ネオリベラリズム論争　→ ネオ・ネオ論争
ネオリベラリズム（新自由主義）　11, 12, 119, 123, 125, 126, 132, 133, 141, 142, 146

ハ 行

バッソ・オスティナート　→ 執拗低音
パワー　15, 58, 65, 66, 68, 69, 71, 74, 77, 82, 83, 85, 117, 119, 123, 130, 142, 161, 172
パワー分布　158, 160, 164
パワー・ポリティクス（権力政治）　36, 51, 52, 54, 59, 60, 65, 68-70, 73, 77, 79, 81, 82, 84-90, 94, 96, 104-106, 108-110, 113, 115, 123, 129, 150

非国家主体（非国家的行為主体）　139, 141, 142, 144, 146-50, 156, 172
非西洋の理論　57
フォーマルな制度　117, 118, 120, 121, 124
ブレトンウッズ・GATT 体制　119, 128
分析レベル　158
平和共存　72, 75-77, 87, 89
平和研究　8, 10, 14, 32, 71, 87, 93, 150, 153
平和的変更　11, 56, 71, 115, 117, 122, 124, 128, 130, 132, 133, 179
防御的兵器　96, 99, 103-105, 111

マ 行

マルクス主義　4, 20, 71, 143, 155
無政府性　→ アナーキー

ヤ 行

ユートピアニズム　17, 32, 49, 52, 53, 59, 60, 108

ラ 行

理論の輸入　1, 3, 4, 6, 7, 66, 125
リンケージ・ポリティクス　140, 146
冷戦　i, 1, 48, 65, 66, 68, 71-73, 75, 76, 78-81, 83, 84, 87-89, 94, 95, 99, 104, 122, 144, 149, 161, 164, 166, 168, 171, 176-78, 180

人名索引

ア 行

アルジャー, C・F　135, 145
アロン, R　74, 82, 160
イーストン, D　10
伊藤晧文　37, 66-69, 85, 86, 144, 147, 152
ウィルソン, T・W　17, 22
ウォルツ, K・N　ii, 7, 8, 12, 66, 67, 155-74, 178, 181, 182
ウォルファーズ, A　176
内山正熊　13, 50, 59, 67
宇野重昭　2, 4, 13, 135
ウルフ, L　53, 56
緒方貞子　121-24, 128, 130, 135
岡部達味　14, 67, 69, 71, 84-86
オズグッド, C　81, 82, 108, 113
オルソン, M　118, 176, 177, 181

カ 行

カー, E・H　i, 4, 7-10, 32, 35, 36, 39, 41-61, 63, 70, 71, 75, 85, 86, 95
神川彦松　2, 9, 13, 17-38, 59
鴨武彦　67, 70, 71, 85-87, 135, 136, 143, 151, 173
カルドー, M　149
川田侃　2, 4, 5, 13, 14, 38, 67-69, 85, 86, 88
川端末人　46, 52, 58, 59, 67, 70, 85, 86
カント, I　i, 7-9, 14, 17-23, 26, 29-38, 133, 169
ギルピン, R　118, 121, 141
クラズナー, S・D　116, 118, 121, 130, 134

ケック, M・E　149
ケナン, G　74
高坂正堯　8-10, 32, 38, 49, 50, 58, 59, 63, 64, 72-75, 77-84, 87-91, 94, 109-11, 114
小林秀雄　42
コヘイン, R・O　i, 11, 12, 67, 71, 117, 118, 120, 121, 130, 139-43, 145, 146, 150

サ 行

坂本義和　9, 10, 14, 32, 38, 52, 59, 63, 64, 72-84, 87-91, 93, 94, 103-10, 113, 177
佐藤英夫　123, 124, 136
シェリング, T　i, 9, 10, 81, 93, 94, 96, 99, 101-105, 108-12, 118, 176, 177, 181
シキンク, K　149
シューマン, F　48, 49, 58, 86
シンガー, D　95
ジンマーン, F　48
関寛治　5, 14, 84, 87, 140, 151

タ 行

田中明彦　14, 69, 84, 86
田畑茂二郎　44, 57
都留重人　45, 57
ドイッチュ, K　95
朝永三十郎　19, 21, 36

ナ 行

ナイ, J・S　11, 117, 118, 121, 139-43, 145, 146, 151
南原繁　9, 14, 19, 35, 37

ハ 行

ハース，E・B　117, 118, 121, 122, 124, 130, 134, 135
ハース，P　149
ハーツ，J　49, 51, 59, 176
バターフィールド，H　75
初瀬龍平　14, 70, 86, 152
花井等　15, 67, 71, 85-87
馬場伸也　8, 14, 69, 86, 143-45, 148, 152
平野健一郎　13, 54, 60, 67, 85, 152
ブル，H　5, 93, 178
フルシチョフ，H　76, 82
細谷千博　4, 13, 63, 66, 67, 84, 85, 87
ホフマン，S　5, 75, 168, 180
ホルスティ，K・J　5

マ 行

丸山眞男　ii, 3, 4, 6, 13, 14, 58, 66, 68, 85, 86
マンスバッハ，R　145
武者小路公秀　15, 71, 87, 90, 152, 153
モーゲンソー，H・J　i, 1, 2, 4, 5, 7-10, 32, 35, 36, 39, 48, 53, 56, 60, 63-91, 95, 96, 102, 105, 110, 145, 160, 161, 176

ヤ 行

矢部貞治　44, 45, 57
山影進　121, 135, 136, 143, 151
山本吉宣　8, 121, 123, 134, 135-37
ヤング，O・R　118, 121, 134
吉野作造　14, 19, 36, 37

ラ 行

ラギー，J・G　117, 118, 130, 134
リセ=カッペン，T　149
リトル，R　78
ルーズベルト，F　27
ルソー，J=J　133, 158
レヴィ=ストロース，C　159, 171
レーガン，R　161
蠟山政道　45, 46, 58, 85-87
ロズノウ，J　140

ワ 行

ワイト，M　56

執筆者紹介（執筆順）

大矢根 聡（おおやね さとし）〔編者。はじめに，序章，第3章，第5章〕
神戸大学大学院法学研究科博士後期課程単位取得退学，博士（政治学）を取得。金沢大学法学部助教授などを経て
現在：同志社大学法学部教授（国際関係論）
主著：『コンストラクティヴィズムの国際関係論』（編著，有斐閣，2013年），『国際レジームと日米の外交構想——WTO・APEC・FTAの転換局面』（有斐閣，2012年）など。

森 靖夫（もり やすお）〔第1章〕
京都大学大学院法学研究科博士後期課程修了，博士（法学）を取得。京都大学大学院法学研究科助教などを経て
現在：同志社大学法学部准教授（日本政治史）
主著：『永田鉄山』（ミネルヴァ書房，2011年），『日本陸軍と日中戦争への道——軍事統制システムをめぐる攻防』（ミネルヴァ書房，2010年）など。

西村 邦行（にしむら くにゆき）〔第2章〕
フロリダ大学政治学部博士課程修了，Ph.D.（政治学）を取得。北海道教育大学教育学部講師などを経て
現在：北海道教育大学教育学部准教授（国際関係論）
主著：『国際政治学の誕生——E・H・カーと近代の隘路』（昭和堂，2012年），『政治概念の歴史的展開 第7巻』（共著，晃洋書房，2015年）など。

石田 淳（いしだ あつし）〔第4章，終章〕
シカゴ大学政治学部博士課程修了，Ph.D.（政治学）を取得。東京都立大学法学部助教授などを経て
現在：東京大学大学院総合文化研究科教授（国際関係論）
主著：『国際政治学』（共著，有斐閣，2013年），『日本の国際政治学2 国境なき国際政治』（共編著，有斐閣，2009年）など。

山田　高敬（やまだ　たかひろ）〔第 5 章〕
カリフォルニア大学バークレー校政治学部博士課程修了，Ph. D.（政治学）を取得。首都大学東京都市教養学部教授などを経て
現在：名古屋大学大学院環境学研究科教授（国際関係論）
主著：『グローバル社会の国際関係論（新版）』（共編著，有斐閣，2011 年），『情報化時代の市場と国家――新理想主義をめざして』（木鐸社，1997 年）など。

宮脇　昇（みやわき　のぼる）〔第 6 章〕
早稲田大学大学院政治学研究科博士後期課程修了，博士（政治学）を取得。松山大学法学部助教授などを経て
現在：立命館大学政策科学部教授（国際公共政策，安全保障論）
主著：『新グローバル公共政策（改訂第 1 版）』（共編著，晃洋書房，2016 年），『CSCE 人権レジームの研究――「ヘルシンキ宣言」は冷戦を終わらせた』（国際書院，2003 年）など。

岡垣　知子（おかがき　ともこ）〔第 7 章〕
ミシガン大学政治学部博士課程修了，Ph. D.（政治学）を取得。
現在：獨協大学法学部教授（国際政治学）
主著：ケネス・ウォルツ『人間・国家・戦争――国際政治の 3 つのイメージ』（共訳，勁草書房，2013 年），*The Logic of Conformity: Japan's Entry into International Society* (University of Toronto Press, 2013) など。

日本の国際関係論　理論の輸入と独創の間

2016 年 12 月 20 日　第 1 版第 1 刷発行

編者　大矢根　聡

発行者　井村寿人

発行所　株式会社　勁草書房

112-0005　東京都文京区水道2-1-1　振替　00150-2-175253
（編集）電話 03-3815-5277／FAX 03-3814-6968
（営業）電話 03-3814-6861／FAX 03-3814-6854
大日本法令印刷・牧製本

©OYANE Satoshi　2016

ISBN978-4-326-30253-6　　Printed in Japan

JCOPY　＜(社)出版者著作権管理機構　委託出版物＞

本書の無断複写は著作権法上での例外を除き禁じられています。
複写される場合は、そのつど事前に、(社)出版者著作権管理機構
（電話 03-3513-6969、FAX 03-3513-6979、e-mail: info@jcopy.or.jp）
の許諾を得てください。

＊落丁本・乱丁本はお取替いたします。

http://www.keisoshobo.co.jp

吉川直人・野口和彦 編
国際関係理論 第2版
　　理論なくして複雑な現実を理解することはできない。好評を得ている国際
　　関係理論の教科書がさらに進化をとげて新登場！　　　　　　3300 円

アレキサンダー・ジョージ＆アンドリュー・ベネット　泉川泰博 訳
社会科学のケース・スタディ──理論形成のための定性的手法
　　すぐれた事例研究の進め方とは？　事例研究による理論の構築と検証，事
　　例研究の3段階などを実践的にガイドする。　　　　　　　　4500 円

中本義彦 編訳
スタンレー・ホフマン国際政治論集
　　国際関係論の泰斗の代表的論文をオリジナル編集でついに邦訳。高坂正堯
　　や永井陽之助にも影響を与えた珠玉の論考を多数収録。　　　4700 円

トーマス・シェリング　河野勝 監訳
紛争の戦略──ゲーム理論のエッセンス
　　ノーベル賞受賞，シェリングの主著をついに完訳！　核戦略の意思決定の
　　仕組みを解明する，ゲーム理論の必読文献。　　　　　　　　3800 円

ケネス・ウォルツ　渡邉昭夫・岡垣知子 訳
人間・国家・戦争──国際政治の3つのイメージ
　　古来，あらゆる思想家が論じてきた戦争原因論を，人間，国家，国際シス
　　テムの3つに体系化し，深く，鋭く，描き出す。　　　　　　3200 円

ケネス・ウォルツ　河野勝・岡垣知子 訳
国際政治の理論
　　国際関係論におけるネオリアリズムの金字塔。政治家や国家体制ではなく
　　無政府状態とパワー分布から戦争原因を明らかにする。　　　3800 円

――――――――――――――――――――――――――――　勁草書房刊

＊刊行状況と表示価格は 2016 年 12 月現在。消費税は含まれておりません。